江西省社会科学"十四五"(2023年)基金项目"数字经济时代:以'数据'驱动江西省体育产业高质量发展研究"项目编号 23TY17D

高校体育产业高质量发展研究

付朝琦　著

中国纺织出版社有限公司

内容提要

本书主要对高校体育产业高质量建设与发展进行剖析和研究。全书共分三部分：第一部分分析了高校体育产业的基础理论与相关概念，第二部分从总体上探讨了体育产业高质量发展的综合动因、优势条件、制约因素等内容，第三部分对冰雪产业、健身行业、体育用品业等业态进行深入研究，分析归纳了这些重点业态的发展特征、存在的问题及发展趋势，总结归纳出高校体育产业高质量发展的具体措施。期望本书为体育产业高质量发展提供更多的思路，展现我国体育产业发展的完整风貌。本书适用于体育产业研究人员参考阅读。

图书在版编目(CIP)数据

高校体育产业高质量发展研究 / 付朝琦著. -- 北京：中国纺织出版社有限公司，2024.5 -- ISBN 978-7-5229-1837-2

Ⅰ. G807.4

中国国家版本馆 CIP 数据核字第 2024V47E51 号

责任编辑：张 宏　　责任校对：王蕙莹　　责任印制：储志伟

中国纺织出版社有限公司出版发行
地址：北京市朝阳区百子湾东里 A407 号楼　邮政编码：100124
销售电话：010—67004422　传真：010—87155801
http://www.c-textilep.com
中国纺织出版社天猫旗舰店
官方微博 http://weibo.com/2119887771
北京虎彩文化传播有限公司印刷　各地新华书店经销
2024 年 5 月第 1 版第 1 次印刷
开本：787×1092　1/16　印张：11.5
字数：200 千字　定价：98.00 元

凡购本书，如有缺页、倒页、脱页，由本社图书营销中心调换

前　言

体育强国既包括更好、更快、更高、更强的竞技体育，又包括更亲民、更便利、更普及的全民健身，同时离不开更大、更活、更优的体育产业。体育产业不仅为开展各项体育活动提供必要的物质基础，还为体育科技创新、体育文化传播提供重要的产业载体。各类体育赛事都离不开体育产业的强力支持，世锦赛等顶尖体育赛事更是体育产业的盛宴。纵观当前世界公认的体育强国，无不以发达的体育产业为坚强后盾。因此，加快推动体育产业的繁荣发展是建设体育强国的必然要求。

现代化产业高质量发展，给体育产业提供了巨大的发展空间，体育产业已经成为一个重要的支柱性产业。随着经济的快速发展和人民生活水平的提高，为满足人民日益增长的美好生活需要，体育产业高质量发展已经成为当前和未来一个重要的发展方向。

本书以数字时代为背景，研究我国体育产业高质量发展。体育产业高质量发展是一个长期的过程，在此过程中存在体育产业规模较小、结构不合理，消费市场活力不够、区域发展不平衡、与其他产业业态融合程度不够等问题。基于此，本书探索我国高校体育产业及其发展、数字体育高质量发展的总体思路与发展路径、数字体育产业信息技术的应用、数字经济时代下体育产业发展探索。

在撰写本书的过程中，作者参考、引用了一些专家和学者的研究成果，在此一并表示感谢。由于作者的水平有限，研究尚不深入，再加之时间仓促，书中难免存在疏漏和不足之处，恳请读者批评指正。

付朝琦
2024 年 3 月

目 录

第一章 体育产业概述 ... 1
第一节 体育产业的概念 ... 1
第二节 体育产业的相关概念与理论 ... 6
第三节 体育产业结构与组织 ... 17
第四节 体育产业的新发展与发展趋势 ... 41

第二章 高校体育产业的现状与发展 ... 47
第一节 高校体育产业的现状 ... 47
第二节 高校体育产业的发展产业分析与展望 ... 54
第三节 高校体育产业管理 ... 57

第三章 高校体育资源与产业融合发展 ... 63
第一节 高校体育资源市场化 ... 63
第二节 高校体育馆资源的产业管理 ... 69
第三节 高校体育赛事商业化 ... 81

第四章 数字体育的高质量发展总体思路 ... 101
第一节 数字体育的创新发展 ... 101
第二节 数字体育高质量发展的"瓶颈"与对策 ... 106

第三节　数字体育的高质量发展趋势 …………………………………… 109

第五章　数字经济驱动体育产业高质量发展的路径 ……………………… 113
　　第一节　加强数字技术在体育产业中的应用 …………………………… 113
　　第二节　促进数字体育产业实践探索及创新体系设计 ………………… 118
　　第三节　推动数字化的体育营销商业模式 ……………………………… 129

第六章　数字经济时代下的体育产业发展探索 …………………………… 141
　　第一节　体育科技的触及范畴 …………………………………………… 141
　　第二节　体育中的大数据、人工智能与量子计算 ……………………… 151
　　第三节　虚拟现实与体育的融合发展 …………………………………… 158
　　第四节　未来体育中的云计算、人工智能与机器学习 ………………… 167

参考文献 ……………………………………………………………………… 175

第一章 体育产业概述

第一节 体育产业的概念

一、什么是体育产业

在现今世界，虽然体育产业发展得十分繁盛，在发达国家甚至形成了健全的发展体系和模式。但是，如果要给体育产业下一个定义的话，目前并没有统一的说法，研究界的学者们也各有自己的观点。下面笔者从四个方面来剖析体育产业的概念。

(一)体育产业广义定义

体育产业是指那些与体育相关的生产经营部门的总和，范围包括体育健身、比赛竞技、体育传媒、体育博彩业、体育用品经销业等。

通过对其了解，可以发现最大的问题就是外延泛化。具体来说就是，生产物质产品的企业也被划到了体育产业的范围，但无法解释以下问题：物质产品的产品属性和服务与劳务行业的产品属性是完全不同的，不可以相互替换，所以这两类产品与同一商品市场的产品划分标准不符；在生产技术和工艺上，物质产品和服务与劳务产品的不同也非常明显。可以说这种说法不符合经济学原理，也不符合逻辑。

(二)体育产业狭义定义

体育产业是生产和提供体育服务或劳动产品的企业,或者是向全社会提供各种体育服务的行业。这种说法的主要特点有:注重产品的非物质性,存在形式是劳务或服务,满足人们身心需要,生产过程就是消费者参与的过程。

之所以说"体育产业外延的狭义说"和产业经济学理论与逻辑学是相符的,主要是因为以下三个方面:

(1)以体育服务产品或从事体育服务的企业为对象的生产和供应,对体育产业同质化的产品属性进行了明确定义,并与一些经济属性相同,定义和商品市场为单位的产业在分工规律上是相一致的。

(2)体育运动服务或者说劳务产品在生产过程和技术工艺上也存在着一定的相似性,都以人为尺度,在投入上的需要也较为相似。

(3)体育产业可以划归到第三产业的范畴。

(三)体育产业的体育事业说

体育产业的体育事业说认为,体育产业是体育事业在社会主义市场经济条件下的运行。这种说法存在的主要问题是概念不明确,也不符合实际需要。一般地,一种研究都要以具象的现象或是抽象的内容为研究基础,对其进行高度概括。如果我们要把体育产业和体育事业放到同一层级,就会发现这两者完全不是一回事,产业说的是相同类别的经济活动的总和,而事业说的则是那些公益性的组织部门的集合。

(四)体育产业的体育事业可赢利部分说

这种说法从实践的角度提出体育产业是体育活动中赚取了经济利益的部分的总和,可以说是体育产业的"赢利部分"。然而,这种说法仍然存在着较多问题,较为明显的有以下三个方面:

(1)对概念的定义有一些缺陷,对事物性质的过程描述并不等于事物的本质属性特征。

(2)这种定义对新出现的或新成为体育相关部门的产业产生排斥,如现代保龄球、高尔夫服务部门等。

(3)对产业的类型区分和层次存在边界不清的问题。在判定外延结构时只是单纯地将获取经济利益作为评定的唯一标准，并没有对第二次产业和第三次产业的划分规则引起足够的重视，按照这种逻辑体育产业必然会回到"体育产业外延的广义说"上。

我们认为，明晰其概念要从广义与狭义层面进行。详细来说就是，体育产业从广义层面来讲，指的是全社会范围内给予体育产品的企业、相关部门的总和，囊括了体育服务业、体育相关产业。体育产业从狭义层面来讲，指的是通过体育劳务的方式给予消费者体育服务产品的企业以及相关部门的综合。

从宏观层面来说，体育产业是一种新的产业形态，它随着社会经济的不断发展而出现，是由自给自足的模式向有组织的生产性、消费性、营利性运行模式转型的产物。用一句话概括，体育产业就是体育用品生产和销售的企业的集合。

二、体育产业的分类

体育产业可以说是能够满足人们对体育的多样化需求的所有生产性组织和经营性组织的集合，范围广泛，涵盖体育用品制造、销售业，体育设施搭建、维护业，体育相关服务业等。如果进行分类的话，大致能分为四类：体育本体产业、体育相关产业、体育延伸产业和体育边缘产业。

（一）体育本体产业

体育本体产业是体育产业的核心，指的是根据体育自身特性而进行生产、服务的部门，是一种产业部门群。体育本体产业因体育竞赛市场而形成。体育本体产业整合市场资源促进体育产业的发展，管理和体育赛事相关的业务资源。在体育本体产业发展的框架下，由于自身的属性和国内外市场环境的差异，在不同的赛事（包括竞赛表演项目）中建立不同的本体产业链有不同的方式。

体育竞赛市场是一个多层次的概念，研究的角度分为纵向和横向两种。体育本体产业是由各种层次的体育运动比赛市场构成的。在我国20世纪90年代初，随着体育项目管理体制改革的深入，体育竞赛市场有了长足的发展，实施了各种新制度并适应了商业化的发展，如出现了各个俱乐部和联盟，举办各种锦标赛、大奖赛，为各类体育竞赛市场提供培训等。

（二）体育相关产业

体育相关产业说的是和体育有一定关联的，在其他产业中的生产和经营活动。与体育本体产业最大的不同在于，进行相关经营的产业并不归体育部门管理。这一类服务覆盖范围很广泛，包括运动场地的修建与维护、各类体育器材的出租业务与训练服装的经营、运动功能性饮料和健身减脂食品的销售、体育比赛中广告和媒体的经营与管理等。它是产品生产与服务部门相结合的横向递进关系结构。这一部分基本上是有形的实体，如体育用品、器材、运动服装、鞋帽等。

(三)体育延伸产业

体育延伸产业说的是在体育产业的发展过程中与周围融合形成的综合性的行业集群，与体育沾边，但并不与体育有实质上的联系。最常见的体育延伸产业要数体育彩票了，这部分基本是无形产品，它是一种产业网络，是若干产业链的纵横交错和延伸。

(四)体育边缘产业

体育边缘产业也应属于体育相关产业，体育边缘产业说的是那些为了让主体产业获得更多利润而存在的，进行附属设施和配套项目建设的产业。

例如，为了更好地享受竞技体育比赛或表演，为人们提供餐饮、住宿、纪念品、明星卡等服务。虽然这些业务内容不与运动直接相关，但它们也是体育产业环境中的一部分。

三、体育产业的属性

许多研究者指出，社区里的体育运动设施是社会公益事业的一部分，学校里的体育运动和大众体育是体育产业最基本的组成部分；体育产业是市场的产物，属于社会经济生活中的第三行业。事实上，体育的本质是一种有关社会生活的人的专题活动，从科学发展观的角度来看，最直接体现了以人为本、人的全面协调和可持续发展，因此需要体育和社会生命体——人，共同发展与培养。在实际条件下，体育和体育产业的成长必须坚持以人为本，以满足高层次的需求——实现身体健康，享受生活，提升生活品质，打造现代化生活方式。这是一个共同的任务，也是发展体育产业的目标。

人们对体育产业的认知和体育产业的社会属性有不同的看法，这种分歧是一种正常现象，因为对主体认识的差异性，体现在理解上就会有所不同。在社会理论领域，特别是在经济学领域，体育产业一般归结为具有服务属性的第三产业。国民经济计划公报也将其列入第三产业(体育事业也属于这一类)。这种现象是正常的，但也是一种传统观点。从历史发展和认识过程看，这是不可避免的，有其特定的原因。

从现代市场经济条件下体育产业的出现、发展和升级来看，把体育作为第三产业（体育和体育产业）分类过于简略，也不太符合体育产业在现实中的实际情况。作为经济社会中的众多行业之一，体育产业的结构和运转规律要被众人了解并掌握、运用需要一个漫长过程。根据体育产业属性与综合操作规则的结构特点，体育产业不应被归为第三产业。

体育产业集成了独特的属性，它不属于第一产业，也不属于第二、第三产业，而可以概括为第四产业。第四产业指包括农业产业化属性、技术等多元化的商业信息，又与第一、第二、第三产业具有实质性的不同程度的联系，所以把它放在社会经济生活中的第四产业是比较科学的。因为它反映了体育产业在市场经济中的独特性，不仅符合科学发展观的基本属性，也符合全面协调发展的要求，能够可持续地发展下去。并且，体育产业反映了体育在市场经济活动中主体与客体相一致的前提和其相互依存、互相转化的作用。

四、体育产业的特征

（一）体育事业和体育产业

总体来说，它主要反映在以下三个方面。

1. 特性和特征的区别

体育事业更偏向福利、社会效率和公益性等方面，以满足社会精神文明的需求为目的。体育产业则更偏向于经济效益，具有商业的属性，相对而言以经济效益为前提。

2. 资金支持不同

目前，中国的财税政策表现如下：从财政方面讲，国家会给事业单位相应的财政拨款，而企业则需要通过自筹或银行贷款来获得资金；从税收方面讲，事业单位不需要缴税，而企业则必须缴纳相应的税费。

3. 经济变化的性质

产业经济的性质是商品经济，这主要取决于市场调节。其运作机制以经营为基础，在提高社会效益的基础上继续产生经济效益。

（二）中国国内体育产业的主要特征

1. 高度的空间依赖性

从事体育行业的企业最先应该考虑的就是为相关的消费者提供专门的体育运动场所，并考虑营业的地理位置等因素。

2. 明显的时间消费模式

绝大部分消费者只有在拥有了比较充足的时间的时候，才会开始进行体育消费。

3. 消费水平很高

体育产业的产生以公民拥有相当高的精神娱乐需求和一定的消费水平为前提。

4. 高要求的品质服务

服务是体育产业最重要的部分之一，体育消费者会花时间和金钱去享受运动，以满足不同的需求，如运动享受和体育锻炼。

第二节 体育产业的相关概念与理论

一、体育产品

（一）体育产品的概念

体育产品在体育产业中就是指能够实现人们某些运动需求的产品，这些产品由运动生产活动所生产。以下是体育产品的主要特点。

1. 体育性

体育产品只能产自体育活动，其他活动不会产生。

2. 生产性

体育产品来源于体育生产活动，它归属于制造活动，是生产产品而不是产品。

3. 劳务性

体育产品是以服务形式提供给消费者的服务产品，属于第三产业的一种。

4. 满足体育需求性

生产体育产品是为了满足人们的某些运动需求，而这一需求又恰好和体育发展水平及体育产业发展密切相关。

（二）体育产品的种类

1. 体育健身休闲产品

所谓体育健身休闲产品就是众多能够实现人们娱乐需求以及健身需求的运动产品，具有广泛的范畴，不仅囊括了体育医疗咨询、健身指导，还包含多种形式的休闲体育服务。

2. 体育竞赛和表演产品

所谓体育竞赛和表演产品是指一系列运动或体育运动表演。一般而言，体育竞赛和表演产品的供应商大多为各种营利性或非营利性的组织。在体育消费的过程中，消费者不需要直接参与体育活动，取而代之的是观看等方式。迄今为止，体育产品的关键构成部分即为体育竞赛和表演产品，其对人们的体育需求发挥了极为关键的推动作用。

3. 体育技术培训产品

体育技术培训产品是一种随着体育赛事的发展，培养运动员或体育人才以提高其能力的一种服务形式。所谓体育技术培训，指的是对体育人才培养的过程，即由体育教师采用特定的训练手段和方式来实施；而培训的手段和方式即为体育技术培训产品，所有体育技术培训产品质量的好坏在很大程度上取决于该产品的生产和消费。目前，体育技术培训产品随着竞技体育以及体育竞赛的迅猛发展而增多，科技化水平也越来越高。

（三）体育产品的特征

1. 非实物性

在体育产业概念中提到的运动产品、体育信息产品、运动训练产品、体育竞赛产品以及无形体育资产均为非物质的，这种非物质形式主要取决于运动产品的非物理特性。

2. 生产和消费的相互依存

在体育产业中，体育产品在生产和消费之间具有相辅相成的特征。这个相辅相成的特征必须反映在三个方面：时间、空间和个人参与的体育活动。

(1)关于时间，其相辅相成的特性主要体现在生产过程的开始、结束、消费过程当中。由于体育产品以体育服务的形式呈现，一旦体育活动或体育锻炼完成，人们的观看活动或锻炼活动就完成了。例如，在欣赏体育赛事时，人们只保留自己脑海中的回忆、留下门票，该过程不能重复和储备。所以，就时间来说，体育产品的生产和消费具有一致性。

(2)就空间而言，它主要是指体育生产活动，而消费活动往往是在同一个空间进行的，如健身场所和比赛场地。

(3)个人参与的体育活动不能被取代。人们需要亲身体验这个过程，无法通过他人实现健身的目标，也不能获得别人观看比赛的喜悦感。所以，体育消费者必须亲临现场并参与其中，以便结束在消费过程中消费体育产品的过程并实现其目标。因此，个人消费者参与体育产品的消费也对体育产品的生产和消费的相辅相成起着关键作用。

3. 需求的水平高

总的来说，人类的需求可以分为三个层次：生存需求、享乐需求和发展需求的满足。人们对体育用品的需求是一个高水平的要求，主要体现在以下三个方面：

(1)人们对体育产品的需求建立在满足了基本的生存需求的基础上。人们的生活，包括衣、食、住、行，这些是人们的生存需求，但不包括运动需求。这意味着，如果人们离开这项运动，不会对生存产生威胁而只是降低人们的生活质量。所以，在经济中，生存需求被定义为低替代产品，几乎没有替代弹性，而替代运动产品的需求相对较高。

(2)人们通过对体育产品的需求来获得更高水平的享受。在现实生活中，人们的需求也在不断地变化和发展。当生存得到满足时，人们将开始追求更高水平的享受。这种高度的需求将包括对生活质量和健康的关注。在提高人们生活质量的过程中，体育产品起到了举足轻重的作用。当人们的可支配收入达到一定水平，对体育竞赛的参与成为满足人们需求的重要形式。

(3)人们对体育用品的需求在一定程度上可以满足人们发展的需求，这个功能有两个主要方面。第一，生存的基本需求满足后，人们对生活质量的要求会更高，如体能、体育教育和身心发展等，运动产品能满足很多人的需求。第二，体育需求可以被看作对人力资本的一项重要投资。人力资本往往被理解为是通过人力投资形成的，加上工人，并能够创造稳定的收入。人们对运动产品的消费可以增加他们的体力并复制劳动力。通过对体育产品的消费，可以减少疾病，从而可以减少周转，提高劳动生产率。通过体育用品的消费，可以改善健康状况，延长工作时间。通过对体育产品的消费，人们的压力得以缓解，社会适应能力得以提高。

4. 消费结果的未知性

在体育产业中，主要从以下几个方面来体现体育产品所具有的消费结果的未知性特征。

（1）体育产业以活劳动的形式提供体育产品，其工作特点是不完整的可重复性。因为每一次的劳动过程中，劳动者都会受到主客观因素的影响，很难保证工作过程的完全稳定。

（2）体育产品必须为人民服务，而每个人的情况有很大的差异，如同样是"瘦身运动"，由于每个人的体质不同，最后的锻炼结果也会有所不同。

（3）在体育比赛中，高水平竞技比赛的赛果很难预测。当顾客购买门票时，没有人能够预测比赛的强度、方向以及结果。

5. 在质量判断上的差异

它主要体现在以下两个方面：一方面，在相同的体育赛事中，当观看体育赛事时，观众会根据自己的喜好或知识评判参赛者的表现和比赛结果；另一方面，大部分消费者的需求在娱乐、健身活动中不容易得到满足。

6. "最终产品"特性

供最终消费和使用的产品就是所谓的"最终产品"。在体育产业中，体育产品属于服务业提供的产品，因而就具有"最终产品"的特性。体育产品"最终产品"的特性主要表现为中间投入率小和中间需求率小。中间投入率是指各产业的中间投入与总投入之比，其能够将各产业为生产单位产值而需要从其他产业购进中间产品所占的比重反映出来。中间需求率是指各产业产品的中间需求之和。体育产品这种特殊的产品形态，其价值主要是由活劳动消耗构成的。原材料消耗的比重较小，因而中间投入率小。除体育无形资产，一般是作为其他产业的投入品被购买的，它的消费主体主要是企业，而不是个人，不具备"最终产品"消费的特征外，大多数体育产品被作为其他产业投入品的比例很小，所以体育产品又具有中间需求小的特点。因而体育产品具有"最终产品"的特性，能够使人们的基本需求得到较好的满足。

二、体育市场

(一)体育市场的概念

所谓的体育市场就是在整个社会市场体系中执行其特殊功能的子系统。它的概念有广义与狭义两种。

从广义上讲,所谓的体育市场是指体育产品交换的所有活动的总和。这不仅包括体育服务产品和服务的交换,还关系到运动产品,如服装、饮料和运动器材以及体育基金、体育人员和其他运动人员的交流。

从狭义上讲,体育市场是指体育产品直接交易的地方,包括体育活动或监督体育活动。具有代表性的场所——体育馆、游泳池、健身房以及各种收费的体育培训类课程。

(二)体育市场的要素

体育市场的基本要素包括体育消费者、体育消费欲望和体育消费水平。

1. 体育消费者

所谓体育消费者是指那些购买体育产品的人。其中最具明显特征的有:看体育比赛和节目、购买运动器材和运动服装、参加健身活动的人。

2. 体育消费欲望

所谓的体育消费欲望意味着对体育消费品的消费和需求有一定的欲望。

3. 体育消费水平

体育消费水平是指按一定人口平均的体育实物消费资料和体育服务消费资料的消费数量。在一般情况下,体育消费水平可反映一个国家或地区的经济发展水平。

总之,体育市场的这三个要素是相互联系、相互依存和相互制约的。三者都是不可或缺的。

(三)体育市场的特点

体育市场具有更突出的特点,具体来说,主要体现在三个方面:实物消费品市场、体育服务消费品市场和体育要素市场。

1. 实物消费品市场的特点

所谓的实物消费品市场是指一个市场中提供给消费者的物理运动在物理形态上的消费品。一般来说，实物消费品市场有以下特点：

(1)市场的需求有所变化。职业体育消费要求较高，业余要求较低。所以，制造商应该将不同的市场需求作为开发各种消费品的关键基础。

(2)市场需求具有周期性的特点。某项运动可能会在某个特定区域风靡一段时间。此时，体育领域对设备的需求将相应增加，而流行期结束后，体育器材的市场需求将会变少。即实物消费品管理者应该敏锐捕捉市场需求信息，使生产的商品适销对路。

(3)消费者人数多。参加运动和体育锻炼的人需要一些体育器材，如运动服装和运动器材。这些运动器材属于运动消耗品。因此，体育消费者越多，对实物消费品的市场需求就越大。

2. 体育服务消费品市场的特点

所谓的体育服务消费品市场不提供实物产品。其特点主要表现在以下几个方面：

(1)波动性。受外部或主观因素的影响，其他国家和地区体育用品市场需求波动较大。这种不稳定与一个国家或地区人们的兴趣爱好和社会文化有着一定的联系。体育产业领导者只有理解并掌握这一特点，才能达到事半功倍的效果。

(2)不平衡性。体育用品的社会需求在很大程度上会受社会生产力发展水平和经济发展状况的影响。总的来说，大多数经济发达国家或地区的人对体育用品的市场需求更大。在经济相对落后的地区，市场对体育服务产品的需求相对较弱。因此，体育产业运营管理者应该将这种不平衡作为有针对性的体育管理活动的关键基础。

(3)一致性。体育服务产品在时间和空间上具有一致性。其原因主要是因为体育产品生产商的体育生产也是体育用品产品消费的过程，并且是买家、卖家、制造商和消费者加入的过程。因此，体育产业经营者应充分考虑两方面：一方面是消费体育的数量和质量；另一方面是体育消费者在交通和时间上的便利。

(4)差异性。市场对体育工作或产品的服务需求随时间而变化。通常而言，节假日、晚上对体育工作或产品的服务需求相对较大，同时，天气和季节变化也会对其产生一定的影响。譬如，消暑型的体育劳务或服务产品(水上乐园、游泳池等)，在夏天的需求相比冬天较大；而因为天气的变化，如下雨、雪等，也可能会导致既有的体育消费计划(观看足球比赛等)暂停或取消。所以，从季节和天气的角度来说，需要体育管理者针对此种差异性进行充分的准备，从而取得较好的体育经营效益。

3. 体育要素市场的特点

所谓体育要素市场是对体育事业的发展、资金运动、体育人才和体育技术各种因素形成特殊的市场消费。

(1)体育资金市场的特点。有关组织和部门的经营活动，如体育无形资产的开发、电视转播权的售卖、体育债券(股票)、体育彩票以及体育活动等构成体育资金市场。体育资金市场通过对现代运动所具有的风度、魅力和吸引力的利用，凭借体育的经济和社会功能，在最大程度上调动企业联合体和社会消费者投资体育。

(2)体育人才市场的特点。体育人才市场主要是指运动员和教练员的市场。体育人才的供给和市场需求往往不会面对面交流，而是由体育人才市场中的经纪人或经纪人组织作为中介。

(3)体育技术市场的特点。所谓体育技术市场是指体育科技商品的交易市场。目前，创建初期的科技市场的基本内容包括开展研究项目，开展科学研究磋商，出售研究成果，科研专利转让，开展技术咨询，技术服务，技术培训，技术投资，体育和技术科学用品以及其他运动技术产品的开发。其特点决定了体育科技产品的市场不同于整个体育用品市场。具体来说，主要体现在以下几个方面：其一，体育技术市场通常是零售商的垄断市场，往往只有一个供应商，但拥有多位客户；其二，体育技术市场上的运动科技产品通常是一次性的；其三，主要是由供给和需求决定体育科技产品的价格。

三、体育消费

(一)体育消费的概念

体育消费是指人们用于体育活动及相关方面的消费。如果没有特定的经济基础或现代媒体产业的兴起，体育消费无法得到开发。所以，体育消费是经济发展与传媒产业发展共同的产物。经过一段时间的发展，体育消费已经成为各行业发展的重要推动力。与此同时，作为一个重要因素，它在经济和文化发展中也发挥着重要作用。

在现代生活中，体育消费是人们日常生活的重要组成部分。体育消费是指根据个人需要和条件搜索，购买各种体育用品(服务)的过程中对体育用品的消费。一般来说，体育消费主要由两部分组成：一部分是运动机构和运动队日常训练和研究的活动消费，另一部分是各种体育材料的消耗以及满足居民的个人需求和健身需要的个人消费。

体育消费是社会生产力在特定阶段的产品开发。这是对运动功能的新认识。新型消费是闲暇时人们自由选择的一种个人消费形式。随着当代社会的不断发展和闲暇时间的不断增加，人们的生活方式逐渐开始发生变化，并开始从锻炼到休闲。这在一定程度上提高了人们的体育消费水平。

(二)体育消费的类型

在一般情况下，体育消费大致可分为以下几种类型。

1. 观赏型消费

人们用钱购买不同的入场券来观看体育比赛，以达到令人身心愉悦的消费行为，这被称为观赏型消费。例如，观看世界杯、超级联赛、世界田径锦标赛等。

2. 实物型消费

人们用钱购买与体育活动相关的不同运动材料，即所谓的实物型消费。例如，购买运动服装、运动护具、运动装备、体育纪念品、体育彩票等都是体育项目的开支。

3. 参与型消费

人们用钱购买参加体育活动的权利并享受相关服务，这就是所谓的体育参与型消费。这种类型的消费是体育消费的基本内容，并可以体现体育消费的最佳功能。

在现实生活中，不同类型的体育消费相互交融在一起。在人们的体育消费中，既有参与型和实物型消费，也有观赏型消费。人们通过体育消费丰富他们的精神文化生活，并在一定程度上刺激体育产业的发展。

(三)体育消费的结构

体育消费结构在一定程度上可以反映体育消费的内容、水平和质量。同时，它可以反映人们对体育费用的满意度。

从整个社会或家庭的角度来看，中国体育消费的最基本结构是购买体育服装、体育门票和健身器材的人群的比例。总的来说，居民的体育消费比非体育消费更重要。由于不同地区经济水平的差异，体育消费在东部和南部地区比在西部和北部地区更高。

从客户群体的角度来看，体育消费的结构在很大程度上与大量客户和商业客户之间的关系是成正比的。大众体育的消费者是体育产品的最新用户。消费过程中产生的不同费用是体育市场价值的一部分，而贸易消费主要包括政府机构、赞助商和媒体。商业客户通常不直接参与消费体育产品的过程，而是通过购买、流通和转换消费体育产品，这是实体市场的另一收入来源。

(四) 体育消费的特征

1. 体育特征

体育特征是指客户把体育作为自己的中心，采取各种形式的体育消费，注重运动。人们参与体育消费，尤其是主动地参与体育消费。主动参与体育消费是一种活跃的体育社会行为，是社会发展的重要标志。

2. 经济学特征

人们参与体育消费主要是通过交换的形式。客户可以通过支付一定数额的现金得到体育产品或某些体育服务。因此，我们可以从经济角度考虑体育消费的特征。由此可以得出结论，体育消费具有经济学特征。

3. 理性消费特征

人们参与体育消费是一种有意识的、经过思考的和反复出现的消费行为。

4. 文化特征

人们的体育行为与文化素质密切相关。体育消费者的消费方法反映不同的文化传统。

四、体育资本经营

(一) 体育资本经营的概念

在体育经济和社会活动中，旨在增加体育资本价值的经济活动被称为体育资本活动。具体来说，主要是指货币的体育资本和人力资本运动的功能。从某种意义上说，体育资本经营是一种经济资本管理属性的概念，是促进资本运作在体育领域的概念模型的应用。

(二) 体育资本经营的特点

与体育的生产经营相比，直接增加体育资本实现体育资本的附加值，就是所谓的体育资本经营。通过优化整合体育资本，有效提高运营效率和盈利能力。所谓体育资本的直接运作是基于体育资本的资本化、体育的人力资本和其他因素，并间接控制体育资产属性层面的各种体育资本要素。原则上，管理层体育资本的基础是证券化的体育资本。它可以基于证券化和分配优化的体育活动，有效提高生产率与资本市场的价值。由此可以推论，体育资本管理的特点主要体现在以下几个方面。

1. 体育资本经营的目的方面

体育资本管理的主要目的是增加体育资本回报。因此，体育资本管理需要相应的体育资产的资本化。体育资本经营不仅表现为体育货币资本、体育虚拟资本彩票、产权凭证三种形式，也将其自身特有的体育的人力资本经营表现了出来。

2. 体育资本经营的对象方面

体育资本管理的目的是证券化运动，体现为资本，而不是物质体育用品，这项运动的物质资本可以被证券化的体育资本操纵。例如，资金可被转换成股票、资本和其他有形或无形资产。总的来说，在体育资本管理中，与体育资产的具体使用相关的生产和销售等商业活动之间没有显著的关系。

3. 体育资本经营的核心方面

体育资本管理的本质是运营效率。具体来说，就是如何优化配置，提高体育用品的运作效率、货币体育运动的效率和人力资本的流动性，从而积极推动体育资本的持续增长。在经营条件下，有两种主要形式：一种表现在体育产权交易的实现，低价值资产的出售，预期资产的购买以及创造连续体育资本的结构；另一种是代表特定体育事业的长期持有，持有俱乐部的全部或部分股份，制定正确的战略决策。

（三）体育资本经营的内容

与其他类型的资本相比，体育资本存在很大差异。具体而言，体育资本的内容主要有两个方面：一方面，有不同类型的资本市场现金股权；另一方面，它是各种体育市场、技术和人力资本的虚拟资本。更广泛的意义上讲，体育资本的运作突破了资本运作只存在于企业中的局限性，充分体现了以体育赛事为代表的项目运作。

近年来，资本投资和资本项目管理的概念应用到一些体育赛事的经营和管理中。在运营的过程中，展示了银行、保险公司、资本公司和彩票发行商等资本活动的主题，这些主题可以进一步拓宽体育赛事的融资渠道，并帮助将体育活动转变为一个集合不同类型的资本。投融资项目表使体育资本管理效率显著提高，激活资金。这使得体育资本管理功能具有了无与伦比的生命力。

(四)体育资本经营的作用

1. 可以进一步加快中国体育事业的发展步伐

经过不断的发展,中国体育竞赛取得了令人满意的成绩,并且规模还在不断扩大。但是,我们不能忽视中国体育公司存在的一些问题。比如,一些体育俱乐部的利润水平下降并遭受巨大损失;一些与体育结合的公司效率低下,无效甚至负面操作,运行机制不健全。总的来说,造成这些问题的主要原因是缺乏资本概念和资本管理,体育资本管理活动能够积极促进体育人力向资本转换。

2. 有助于体育企业改革和经济增长方式的进一步优化

包括体育资本在内的体育生产要素的组合和利用方式就是所谓的体育经济增长方式。长期以来,在体育领域是实行计划经济体制下的粗放型的增长方式,表现为在体育领域中依靠大量增加体育生产要素以求体育经济增长,形成了一定的结构性矛盾,具体表现为:资产存量大,体育企业规模小,素质不高,重复分散,等等。对于此,体育资本经营通过促进资产的流动重组来使体育经济增长方式得到改进和优化。由此,可以将体育资本经营的作用大致归纳为两个方面:一方面是体育产权证券化的作用,具体来说,就是体育资本经营要求在证券化资本或按证券化操作的资本基础上进行,这就使体育企业的资产在体育资本市场和体育产权市场流动,从而也为体育资产的重组奠定了较好的基础;另一方面是体育资本经营机制的作用,具体来说,体育资本经营的一个核心指标是体育资本的利税率和体育资本的回报率。为此,体育企业经营者必然会自觉地按体育资本经营的规律操作,这样在体育资本经营机制作用下,长期的粗放型经营将会被杜绝,大量资产闲置,长期在低效、无效、负效状态中运行。

3. 对推动现代企业管理制度建设具有积极作用

体育资本管理将对体育运动公司的创建和发展产生有益的影响。建立现代企业制度,为实施体育资本管理奠定了良好的基础。换句话说,现代体育企业制度的创立就是要建立适应市场经济要求,产权明晰、权责明确、政企分开的现代企业制度。标准化的公司治理结构和体育企业的制约机制,使俱乐部等体育公司成为体育市场竞争的真正参与者,使以体育为基础的体育公司为核心,增加体育资本的价值和体育资本的效率,实现收入最大化。所以,体育资本的管理对改善体育领域的现代企业制度具有积极的作用,将对体育公司产生积极影响,明确体育公司的投资主体和整个社会的资本市场。

第三节 体育产业结构与组织

一、体育产业结构

(一)体育产业结构的概念及研究

1. 体育产业结构的概念

产业结构是工业经济的重要研究设施之一,体育产业的结构是这个设施的其中一部分。具体来说,体育产业部门之间的技术经济关系与数量关系之间的关系就是所谓的体育产业结构。从这个概念可以看出,从生产技术的角度来看,运动和服务产品的实物生产部门的所有产品之间存在相互依赖性和局限性。除此之外,体育产业总产值的分布和包括体育资源在内的所有经济资源的分配可以体现在体育产业的结构中。

2. 体育产业结构的研究

我国国民经济产业结构的层次见表1-1。

表1-1 我国国民经济产业结构的层次

层次	内容
第一层次	大产业间的结构比例关系
第二层次	三大产业内部各行业间的结构比例关系
第三层次	某行业内各分支行业的结构比例

从表1-1可以看出,本章节所研究的体育产业的结构属于工业经济结构的第三层次。因为体育产业是一个特别复杂的产业,它是由第二产业和第三产业相结合而形成的,所以在研究体育产业的结构时,不能仅限于第三层次。

在体育产业结构中,几乎所有分支行业都是紧密关联的,而且各个部门之间的关系也非常紧密。这是对各种体育产业的要素、结构、要素和结构之间的联系和作用的明确反映。例如,健身娱乐的发展对体育用品行业的发展产生积极影响,周边体育产业的发展需要本体论体育产业。体育产业的发展是与支持周边体育产业的本体论分不开的。纵观体育产业的产业链，每个环节都将对整个体育产业的发展产生决定性的影响。所以，为了理顺体育产业的结构，有必要全面分析研究体育产业结构的各个组成部分和环节，并结合这些要素和环节进行综合研究。研究每个元素和环节需要从两方面来进行：定性和定量。在这个过程中，我们还应该注意不同元素、不同结构、元素和不同结构之间的相关性分析。

（二）体育产业的基本结构形态

1. 体育产业的投资结构

各行业体育产业投资总额的分布称为体育产业投资结构。体育产业投资结构具体包括两种：股票结构和不断增长的投资结构。向上投资结构的固化状态是股票结构。在研究体育产业结构的过程中，对投资结构的研究必然是不可缺少的。调整投资结构是规范体育产业结构的起点。投资结构中两种结构类型的调控对体育产业的整体结构产生了不同的效果，具体分析如下：

一方面，对存量结构进行调整是优化体育产业结构的基本内容，具体是指将体育产业内部低效率行业的存量降低，并促进低效率行业向高效率行业流动和重组的实现；另一方面，对增量投资结构进行调整，就会对未来一定时期内体育产业的生产和消费关系、地区分布状况、内部各行业之间此消彼长的关系等情况产生影响，甚至是决定性的影响。不可否认的是，调整增量投资结构是实现存量结构调整的基本手段。

2. 体育产业的产值结构

体育产业的产值结构包括两种类型：内部结构和外部结构。体育产业的发展程度可以从体育产业的外部结构反映出来，而体育产业内各产业的相对地位则通过其内部结构来体现。

（1）体育产业产值的外部结构。运动制造业的总价值占国内生产总值的百分比是体育产业输出值的外部结构。体育服务可以满足人们对高品质生活、时尚和个性的需求。人们的需求层次与经济发展成正比，需求水平随着经济的发展而逐渐增加。随着体育产业发展水平的提高，其在国民经济中的地位越发重要。

（2）体育产业产值的内部结构。体育产业生产总值与国内分支机构的比例是体育产业产值的内部结构。在衡量体育产业内部结构时，体育产业产值的内部结构是应该引用的指标。一个国家或地区的体育产业特性可通过体育产业产值的内部结构得到体现。

体育产业和体育是一个有机的整体。应基于本体论产业对体育产业进行整体开发。具体来说，只有健身娱乐行业得到发展，对体育运动服装、器材的需求量才会逐步增加，体育用品行业才能得到一定的发展；只有当竞技体育行业广泛开展，逐步提高体育竞技水平，才能激发人们对体育的热情，才会有越来越多的体育人才成长和发展经纪体育、媒体、广告、游戏、赞助商等相关行业。此外，周边产业的发展也将带动体育本体的开发。

3. 体育产业的需求结构

（1）国内需求和国外需求。按照体育市场形成的区域，体育需求可以分为内需和外需。在当今经济全球化背景下，体育产业的发展必须走出国门，走向全球化。这是一个长期发展的方向和趋势。体育产业国际化的趋势反映在世界杯、NBA 和奥运会等大型体育赛事中。

（2）中间需求和最终需求。

1）中间需求。由体育用品（货物或实物服务）作为中间投入物而产生的投资需求是所谓的中间需求，可称为"生产和消费需求"。例如，健身房购买运动器材是运动的中间需求。

2）最终需求。最新的体育需求是消费过程中体育产品的最终消费，也可称为"生活消费需求"。例如，健康俱乐部的成员支付金钱参加俱乐部活动是一项明确的体育要求。

（3）政府需求和私人需求。根据体育要求的各个主题，体育需求可以分为两类：政府需求和私人需求。

1）政府需求。目前，在大多数国家，政府鼓励体育设施建设，鼓励体育事业的发展。在这种情况下，政府对体育用品的需求正在逐步形成。例如，组织体育比赛和体育队伍的建立是政府需求的体现。

2）私人需求。如果体育市场发展成熟，私人需求是体育需求的重要组成部分。体育需求结构分析是体育发展战略的重要条件，适应体育产业结构，促进体育产业的快速发展。

4. 体育产业的就业结构

在所有行业中，全体员工的分布是所谓的产业就业结构。外部和内部就业结构是体育产业就业结构的两种类型。外部就业结构指的是在总就业量中，体育产业吸纳的就业人数所占的比例，而内部就业结构则指的是不同行业在体育产业中所吸纳的就业人数的结构比重。一方面，体育产业的发展离不开重要的经济资源之一，也就是劳动力。任何行业都需要足够数量的高素质的人才，在缺乏劳动力的行业，发展将不可避免地受到影响。另一方面，体育产业本身的需求和技术也会影响体育产业的就业结构。如果公司对体育产业的需求增加，体育产业的就业需求将相应增加。但是，在体育产业的技术发展水平很高的情况下，所需工作量就会减少，并且对劳动力质量的要求也会提高。

（三）体育产业结构的特征

1. 整体性

从系统角度而言，系统的结构指的是系统的不同元件之间的联系，如果这些元素分离，那么这种联系就不可能存在，实际上，系统结构和系统元素是不可分割的。我们不能简单地将系统的结构视为一组简单的元素或元素的融合品。系统结构基本上是不同元素之间关系的总和（如互惠关系、交互等）。系统结构及其运动的本质也是在不同元素的互相影响中形成的。在体系结构的诸多要素中，无法探寻此种体系结构的属性以及运动规律。相对来讲，每个因素的性质和运动取决于系统总体结构的属性和运动规律，其会发挥出限制性的和主导性的功能。

体育产业是集体的，组成这个集体的因素有两个部分。一部分是公众体育活动和体育服务，其余都涉及以下活动：在体育产业的各种活动之间的密切联系。不同活动之间的相关性非常强，关系更加复杂。如果体育产业由不同的部分组成，就不会产生很多效果。正因为体育产业是简单元素的集合，其集体效果是非常强的，所以我们才可以看到体育产业的巨大集体效应是其结构的内在属性。

只有充分整合体育产业结构的要素和环节，全面分析，才能对体育产业结构有一个全面的把握。在整个体育产业结构中，每个要素的生存和发展都依赖其他因素。生成一个元素可能是另一个元素的投入，一个元素的引入也可能是另一个元素的行业目标。从总体来看，任何单独的因素都不具备体育经济发展的总体效果。体育产业的整体效应不只是各要素功能的总和，它比每个部分的功能总和要大得多。

2. 自发性

发展和优化产业结构需要保持系统结构的完整性，同时进行有效的转换生成，这就要求产业结构实现自律，这是体育产业结构的自发性特征。

体育产业结构的自我调控指的是通过体育产业经济体制的内在机制，可以对体育产业的结构进行自发的建设，并促进体育产业结构的完善。体育产业处于不断变化的状态中，这主要体现在其结构、内部要素和外部环境等方面。体育产业经济体系中的每个子系统都在不断进行自我组织和适应，似乎有操纵这些子系统的"看不见的手"。另外，"看不见的手"主要是由于各子系统之间的协同作用和竞争而产生的。

3. 转换性

事实上，系统结构的"转换"正是生成系统结构的过程。系统结构的构成或加工功能是系统在其规律的控制下，不断对新材料的加工和管理，以反映出其自身新结构的能力。基本上，体育产业的结构问题是资源配置问题。我们可以从资源转换的角度来分析体育产业的结构。换句话说，体育产业通过产业结构的有效运作，不断从外界引进材料、能源和信息，以及在不断地生产和创造各种体育产品方面，处于一定资源之下以取得成效，满足社会群体的不同社会需求。体育产业的结构转换重新调整了体育产业内的资源，调整不同部门之间的资源比例，尤其是调整劳动力、资金等行业内不理想的其他子行业运动。相关产业结构变量促进了产业发展，促进了体育产业结构的整体优化。

4. 层次性

一般来说，不管是哪一种系统，都可以分解成多个子系统。而且，任何系统都可以与其他系统组合成为一个更大的系统。体育产业体系也是如此，大型系统包括小型系统，小型系统又可以细分为更小的系统。

体育产业的结构是在各种因素综合作用下形成的，许多因素都会限制体育产业结构的形成。因此，体育产业发展的各个阶段都会出现不同程度的产业结构。从体育产业结构层面分析，体育产业结构体系的特征可以从不同的角度发现，这对我们深入研究和认识体育产业的发展现状和结构方向具有重要意义。体育产业水平的结构反映了体育产业结构的优化，这主要是通过分析体育产业结构的属性来实现的。

二、体育产业组织

体育产业组织是指市场经济条件下市场形成和体现的国内体育产业公司之间的利益关系，主要包括交换关系、竞争垄断关系、市场占有关系、资源占用关系等。体育产业组织理论是分析体育产业运行过程中的这些复杂关系，发现体育产业内企业关系变化的规律以及对企业经营业绩的影响。产业组织理论是一个由市场结构、市场行为和市场绩效组成的理论体系。作为产业组织理论中的体育产业组织理论，还有必要研究内部市场结构、市场行为和体育产业市场表现之间的逻辑关系。

（一）体育市场结构

所谓结构是指构成系统的要素与其特征之间的内在联系。体育市场结构是指体育产业内部市场关系的特征和形式。通常在体育行业内，存在着卖方(企业)之间、买方(企业或消费者)之间、买卖双方之间以及市场已有的买卖方与正在进入或可能进入该市场的买卖方之间在数量、规模、市场份额、利益分配等方面的关系。体育市场中不同市场参与者的地位、作用和比例以及市场上商品交易的特征构成了体育产业市场的结构。上述体育市场中各种市场参与者之间的关系主要集中在竞争和垄断关系上。

1. 体育市场结构类型

西方经济学通常将市场结构分为四种基本类型：完全竞争、完全垄断、寡头垄断、垄断竞争。其中，完全竞争又称为纯粹竞争。产业集中度在完全竞争的市场结构中极其低，大量的买家和卖家集聚于市场中，每个买家和卖家参与交易的商品数量是市场商品交易总量中的一个极小部分，每个买家和卖家的市场交易行为都不足以影响市场价格，他们都是既定价格的接受者，而非决定者或影响者。完全竞争市场上产品的同一性很高，产品完全具有可替代性，所以任何卖家都不会主动降低价格以增加销售量。在完全竞争市场上不存在任何进入和退出壁垒的问题，资源流动程度很高。完全竞争的市场信息非常完整。经济学家普遍认为，完全竞争的市场只是一种理想的市场。在现实社会中，只有农产品等一些农作物接近这种类型的市场。

完全垄断的市场结构是与完全竞争相对的另一种极端的市场结构类型。在完全垄断的市场上存在百分百的产业绝对集中度，也就是说，所有产品都是由一家企业提供的。完全垄断厂商所提供的产品没有直接的替代品。由于存在最低资本规模、技术独占、专利和版权等法律上的特许经营权以及完全垄断企业所采取的防守性策略等方面的壁垒，使得其他任何一家厂商都无法进入这类产品的生产和销售中来。完全垄断市场同样是一种很少见的市场类型。

市场寡头垄断是由少数大企业共同控制着大部分某种产品的生产和销售的市场结构。在寡头垄断市场上，由于大部分产品的生产和销售是由少数几家大企业控制的，每一家企业的产品都有很高的市场份额，所以产业集中度很高。寡头垄断企业所生产的产品有两种情况：产品具有较高的同质性，寡头企业之间存在战略依存关系；产品有较大的差异，彼此相关程度较低。由于产业内的少数大厂商在资金、技术、生产和销售规模、产品知名度和社会影响力、销售渠道等方面占有绝对优势，所以新厂商很难进入这个行业的生产和销售中。当然，由于投资规模和生产规模巨大，要从这个市场中退出也很困难。寡头垄断是一种现代市场经济中比较普遍的市场结构类型。

垄断竞争的市场结构是另一种在现代市场经济中普遍存在的市场结构类型，也是一种比较接近现实的市场结构。垄断竞争的市场结构中企业数量比较多，每一家企业的市场份额比寡头垄断的企业要小得多，因而单独一家企业很难对整个市场产生实质性影响。与完全竞争的企业不同，垄断竞争市场的企业生产的是差别产品。由于垄断竞争市场企业的规模都比较小，所需的投资规模自然也比较小，技术门槛比较低，所以企业进入和退出壁垒都比较容易。

当体育逐步市场化以后，体育作为一种产业必将与其他产业一样，按照产业发展的内在规律运行。首先，体育企业要以利润最大化作为企业经营的基本目标。除各级政府提供的公共体育产品以外，所有由企业提供的体育产品都属于商业体育产品。生产商业体育产品的企业，追求利润最大化是其根本性的利益动力机制。如果一家体育企业不能通过经营体育产业而获得最大化的利润，该企业理性的选择应是退出体育产业，把所拥有的资本和劳动转移到有利可图的产业中。既然体育企业以利润最大化作为企业经营的基本目标，自然会根据市场供给和需求的关系确定产量和价格，不断进行技术创新和成本优化以保证在激烈的市场竞争中处于有利地位。其次，体育产业内部的企业基于企业内外部条件总是处于不同的市场结构之中。由于体育器材、设施、服装制造业同时属于其他不同的产业门类，我们暂时可以不做讨论。那么，体育企业的典型形态就主要是各种职业俱乐部、商业俱乐部及休闲健身中心、不同层次的赛事组织等。这些企业分别属于不同的市场结构，所提供的体育产品的同一程度也各不相同，进入不同市场结构的困难程度也不一样。而且，所有体育企业都试图通过提高产品差异化程度来维持一定程度的垄断，也试图提高投资率、拥有先进的设备和技术、实施一些战略障碍等来阻碍其他竞争者进入。从国内外体育产业发展来看，体育产业市场结构分为三种：垄断竞争型市场结构、完全垄断型市场结构和寡头垄断型市场结构。

（1）垄断竞争型市场结构。垄断竞争型市场结构是一种低度垄断的、相对竞争的市场结构，这种类型的市场结构在体育产业中比较常见。在垄断竞争型市场结构中，企业的主体是大量小企业，包括各类商务会所和社区体育组织。商业俱乐部是私人投资公司，它们的目标是最大化参与大多数体育消费者提供的体育活动的利润。各类型的商业俱乐部在每一个城市都有比较广泛的分布，它们所提供的体育消费项目既有差别产品，也有无差别产品，它们为拥有更多的体育消费者而展开激烈的市场竞争。例如，它们可能运用各种标准化、优质化的服务以及专家讲座、会员联谊、业余比赛、附加消费等方式不断培养出忠实的体育消费者，扩大市场的范围，提高企业盈利能力。它们也通过政府部门的行政权力获得一些特许权、运用广告投入等方式构筑策略性壁垒、不断提高产品的差异化水平等措施来形成市场进入壁垒。但由于这些企业规模小、产品技术含量低、企业能力有限，因此进入和退出这些市场的壁垒不仅很低，而且维护时间很短。所以，在一般条件下，新体育公司可以轻松进入这些市场，并与现有竞争者进行有效竞争。

对任何一个国家来说，体育产业发展的目的都是多样化。最根本的目的是提高人民的身体素质和幸福感。在现代社会中，政府的职能是有限的。政府可以依靠资金，确保所有的公民享有一定量的体育产品和服务，但不能满足体育人的不同需求。垄断竞争型市场结构中的体育企业尽管主观愿望和经营目的是追求最大化的利润，但它们必须通过为居民提供高质量的、多样化的体育产品和服务来实现其经营目的，客观上为提高国民身体素质和增进国民福利做出了贡献。由于商业俱乐部的性质是私人的或混合的，其业务受到严格的市场限制，提供的体育产品应根据市场需求组织，因此比政府机构更有效率。从国内外情况看，在具有高的国家健康指数和高国民福利的国家，不同类型的商务会所很发达，人民的参与程度也会很高。企业实际上承担了政府应该承担但又无力承担的职能。商业俱乐部的广泛发展在发达国家真正实现了政府、企业、居民个人之间的三赢：政府方面，国民的身体素质得到提高，国民福利水平有所增加，同时，体育产业成为国家经济发展的新增长点和发动机；企业方面，从事了一个有远大发展前途的朝阳产业，实现了其利润最大化的经营目的；居民个人方面，满足了其多样化的体育需求，身体更加健康，精力更加充沛，精神更加愉悦，福利水平得到显著提高。

由具有共同爱好、兴趣的人们以缴纳会费和接受赞助的方式组建起来的一种非营利组织就是所谓的会员制的社区体育组织。社区体育组织的管理者通常是专业人士或志愿者，对成员的数量具有相对严格的限制。社区体育组织也有一定程度的垄断和竞争的特点，能否筹办高质量的体育活动并形成品牌，决定着其能否拥有高水平的会员和能否得到更多的资金支持，当然也决定着其发展的前景。不同社区体育组织之间会因吸引高水平会员的加入和筹措足够的活动资金而展开竞争。但是，社区体育组织在市场经济方面不是体育产业组织的主要形式，而是一种对商业型体育俱乐部等主导形态的有利补充。

（2）完全垄断型市场结构。体育市场结构的垄断是市场的一个非常现实的结构，在现代体育产业发展的过程中，体育组织在特定地区完全支配体育消费品的生产和销售的情况很多。例如，国际奥委会已经完全垄断了奥运会的所有权利，包括项目和规模的设置、地点和时间的选择、各项收益的处置等。国际专业体育组织，国际足球联合会、国际排球联合会、国际田径联合会等也完全垄断了各种各样的国际体育赛事。一些在世界上非常著名的体育赛事，如德甲、意甲、英超、美国的篮球赛事 NBA 以及中国足球超级联赛等，同样被各国的特定体育组织所垄断。

由唯一体育组织垄断某一个单项体育赛事，形成完全的市场进入与退出壁垒，排除一切可能的竞争者，保证高额的垄断收益，是完全垄断型市场结构最为典型的特征。《奥林匹克宪章》是一部关于奥林匹克运动行为规范的国际体育法规。它对现代奥运的诞生、奥林匹克主义和奥林匹克运动的概念、宗旨、目的、任务和活动内容及其相关事项做了原则规定，内容涉及国际奥委会的权力、职能、成员、会议和奥林匹克活动中的有关周期、产权、标志、会旗、会歌、格言、徽记和火炬等方面的规定，明确规定了国际奥委会拥有关于奥运会的一切权利。例如，它规定，国际奥委会可以使用奥运权利进行业务操作，这将给国际奥委会带来巨大的垄断利润。单单悉尼奥运会，国际奥委会就通过出售电视转播权获利 13 亿美元。国际奥委会收入的 48% 是通过出售电视转播权获得的。国际奥委会从 1985 年开始实施一项吸引世界知名企业赞助奥林匹克运动的 TOP 计划，这个计划规定，要从全球各类产业中分别挑出一家最知名且出资超过 0.4 亿美元的企业作为国际奥委会的全球赞助商。目前，通过这项计划的实施所获得的赞助收入已经达到国际奥委会全部收入的 35% 以上。国际奥委会还明确规定，任何希望在其产品或商业活动中使用"五环"标志的公司必须购买该标志的使用权，否则是被严格禁止的行为。通过销售"五环"标志，国际奥委会已获利总收入的 8% 左右。

在完全垄断的体育市场，体育组织在各个领域都是独一无二的、完全排他的。无论是规模最大的奥运会赛事，还是足球世界杯赛、各个单项的国际赛事、洲际赛事以及各个国家的职业体育赛事，都毫不例外是属于唯一的体育组织指导和管理的，没有其他组织或个人可以干涉相关事务。访问和发布这些活动也有非常严格的规则和程序，否则将予以严惩。

(3) 寡头垄断型市场结构。寡头垄断型市场结构同样是一种广泛存在的体育市场结构类型。从主要业务主体的角度来看，体育产业可分为竞技体育、体育广告、体育彩票、体育娱乐、体育建筑、体育旅游和体育用品。其中，体育用品业、体育广告业、竞技体育经营业最具有寡头垄断特征。竞技体育经营业在美国收入最高的是拳击、橄榄球、棒球、篮球等，其赛事基本上也是由为数不多的几家公司垄断经营。在体育广告业中，大型赛事的广告经营主要由四、五家大型广告公司所控制。

　　提供体育服务产品的竞争性行业，其寡头垄断的特征是非常明显的。首先，虽然个别体育竞赛市场是由一个完全垄断的体育组织控制的，但也有不同的垄断组织，并保持在同一地区之间的市场竞争。在同一个地区，属于不一样的垄断组织控制的体育赛事可能在大致相同的时间举办，现场观众、电视观众、电视转播组织、赞助商、赛场广告发布申请人都有着充分的选择权。为了就相关问题达成协议，垄断组织之间就竞争时间、电视广播的时间和频率以及场地广告等问题进行谈判。由于寡头们的竞争在许多时候是恶性的、有巨大破坏力的，因此为了避免双方的损失，寡头们经常坐下来讨论与比赛时间、电视广播的时间和频率以及体育场的广告有关的问题，从而形成关于此事的沉默协议或协议。例如，属于同类比赛的欧洲的西甲、英超、德甲、荷甲、意甲等；属于不同比赛项目的美国的橄榄球、篮球、网球、棒球等职业赛事，都存在以上方面的竞争问题。其次，每个体育垄断组织都对其控制的体育赛事拥有高度垄断权。比如，他们必须制定竞争规则，确定赞助条款和赞助的费用，以确定电视转播权价格和发行权竞争收入以及标志产品和特殊产品等特定项目的实施。他们还专门设立比赛纪律处分机构，对违反规定的参赛者按一定程序采取取消资格、禁赛、罚款等各种不同程度的措施进行处罚和制裁。他们也建立了专门的仲裁机构对比赛过程中发生的争议或争端进行仲裁。经过不断的探索和调整，每个体育专卖组织都创造了自己非常完善的运作机制，形成了自己非常独立的体育王国。寡头垄断市场有一定的进入和退出壁垒，基本的寡头垄断市场形成后，任何组织或个人都很难进入或着手现有的体育组织。例如，1998 年，米兰媒体合作公司与英格兰利物浦队、意大利尤文图斯队、AC 米兰队酝酿组织欧洲足球超级联赛，试图摆脱由欧洲足联主办的冠军杯、优胜者杯、联盟杯三大赛事，但因受到国际足联、欧洲足联等方面的强烈反对而中途夭折。这个案例说明，一旦创建了一个寡头垄断的市场，几乎不可能允许其他组织和个人进入。当然，新的体育公司要进入这个市场，主要取决于已有寡头垄断组织力量是否强大和试图进入的新的体育公司是否有足够的组织实力。

　　2. 决定体育市场结构的因素

　　工业经济认为，市场集中度、产品差异化、进入和退出壁垒、市场价格的需求弹性、市场需求的增长速度和短期的成本结构共同决定了市场结构。市场集中度、产品差异化和进出壁垒是影响市场结构的最重要因素。在讨论决定体育市场结构的因素时，我们也主要关注这三个方面。

(1)市场集中度。市场集中度是用来表示一个特定的行业或市场结构和相对比例卖方或买方的数量指标。由于市场集中度可以反映垄断和集中在特定的行业或市场的程度，产业组织理论认为，市场集中度是影响市场结构的主要因素。买方集中现象通常只发生在某些特定行业。因此，当人们研究市场结构时，主要研究零售商的集中度。市场集中程度取决于许多复杂因素，如公司规模、市场容量规模、行业壁垒高度以及横向并购的自由度。通常人们认为，公司的规模和市场容量是决定市场集中度的主要因素。

首先，如果一个行业的市场容量保持不变，一些公司的比例越高，市场集中度就越高。总体而言，扩张公司有内在的冲动。为了实现规模经济，公司尝试降低单位产品的销售成本，扩大生产规模，增加市场份额，在行业中形成一定的垄断力量，从而为获取垄断利润创造条件。公司规模的扩大经常被公众看作企业家能力的体现，因此扩大公司规模将成为企业家的积极追求。技术进步是企业规模扩大的重要推动力。技术进步的突出表现是对新的机器设备、新的生产工艺的使用，这使得生产效率大大提高，企业规模也因此而迅速扩大。特别是，在一定的时间期限内独家技术进步很可能使公司的规模扩大，加快公司的成长。尽管为了保持经济的活力，许多国家都会制定反垄断法规，对大规模的企业联合和兼并行为进行限制。但是，经济全球化使每一个国家的企业都要面临不同国家同类企业的竞争，为了提高国内企业的国际竞争力，政府应该放松对企业并购的限制，甚至采取措施建立具有较强竞争力的巨型跨国公司。

其次，市场容量的变化会影响相反方向的市场集中度。通常情况下，当市场容量减少或没有改变时，大公司会试图加强并购力度以获得更大的市场垄断力量来取得更多的收益。相反，市场容量增长将有助于降低市场集中度。当然，当市场容量扩大，大企业都处于竞争的优势地位时往往会获得扩张的最有利时机。如果市场容量的增长速度比大企业高，那么市场集中度可能会减少。这导致市场容量的变化在很大程度上取决于经济发展的步伐、居民收入水平和消费结构的变化以及国家的宏观经济政策。

运用市场集中度原则对体育市场结构进行分析，会发现体育市场集中度呈现两个主要特征：一是竞技体育经营业、体育用品业、体育广告业市场集中度高于大多数产业部门的市场集中度。竞技体育经营业基本形成了完全垄断的市场结构和寡头垄断的市场结构，在大部分赛事组织上是由一家赛事组织机构完全控制或在区域范围内由几家赛事组织机构分别控制，因而市场集中度可以达到100%。体育用品业市场集中度也非常高。从美国商务部的有关资料来看，美国体育用品市场70%以上的份额是由四家最大的体育用品企业所控制。而在其他产业部门，除极个别部门外，绝大多数部门四家最大的企业所控制的市场份额都低于70%。即使垄断程度很高的石油部门，四家最大的企业所控制的市场份额也不足40%。而体育广告业中大型赛事的广告经营主要由四、五家公司控制。二是体育、休闲和健身市场的集中度非常低。运动休闲市场的典型特征是，客户的要求多样且复杂。少数公司很难满足具有不同需求偏好的大量体育消费者的需求。在这样的市场中，企业只能进行严格的市场细分，结合体育人口的空间分布，选择最有利的商业方向，并确定操作和企业的位置的最佳水平，否则难以继续生存和发展。体育休闲健身市场的特点也决定了大的资本力量不可能进入这一领域，其结果是，这个市场的集中度在一个非常低的水平。

（2）产品差异化。市场集中度可能不能完全反映垄断与行业组织的竞争程度。因为产品差异化程度是非常重要的，即使市场集中度较高，也会显示激烈竞争的特征。

产品差异意味着，当公司向消费者提供产品时，通过各种方法创造出吸引消费者偏好的特异性，以便消费者能够有效地将其与其他竞争性公司提供的类似产品区分开来，从而在激烈的市场竞争中取得优势。通过对产品差异化战略的实施，影响消费者的购买行为，并创建消费偏好并提高消费者对产品的忠诚度。产品差异化形成的途径特别多，主要包括加大研发力度以便及时优化产品的结构、功能和质量，设计产品的独特外观，提供更具体、高质量的服务，利用不同的分销渠道或新的独特的广告和促销活动。产品差异化的核心就是形成可区别性和不可替代性，市场结构将逐渐向垄断竞争型市场结构发展。最终，这也会导致寡头垄断和垄断市场结构。产品差异化的市场结构的直接影响主要有两个方面：一是公司可以维持或提高公司的市场份额和市场集中度，扩大产品差异化的规模，上位企业的垄断程度得以维持或提高，即使规模较小的下位企业也会因此改变自己在整个行业中的地位；二是现有企业产品差异化战略的实施可以培养消费者的偏好和对公司产品的忠诚度。这实际上给新公司试图进入市场制造了一定的障碍。

体育产业作为一个重要的产业门类，同样存在着产品差异性问题，并且有着自己的特点，这就是体育产业的特殊性。从竞技体育经营业来看，不同赛事组织者提供的体育服务产品是有差别的，如足球世界杯与奥运会就在内容和形式上有着许多不同而形成差别，但这类赛事有相当程度的替代性关系。所以，国际奥委会与国际足联通过协商把比赛时间和比赛地点进行调整，避免双方对体育消费者的争夺。欧洲三大足球赛事之间尽管存在差别，但同样存在较高程度的替代性关系。此外，处于同一联赛的俱乐部，为了争夺观众和电视转播权的销售，会采取多种多样的产品差异化策略，如引进超一流体育明星加盟、组建表演水平很高的啦啦队、赛场环境个性独特和热烈的气氛营造、提供给消费者附加消费等，推出更多特色性的产品，从而使产品的差异化程度和市场的集中度提高。

相对于竞技体育经营业市场来说，体育休闲健身市场的产品差异化程度要高很多。原因是体育休闲健身产业所面对的消费者特点是，数量庞大，并且消费者的兴趣各不相同，居住不集中，喜欢就近消费。这就必须满足不同消费者多样化的需求，提供不同的体育休闲健身产品。例如，我国东部发达地区的体育休闲健身企业提供的体育休闲健身项目要达到20种以上，而且每年都会有一些新的项目被开发出来，以供消费者消费。

(3)市场进入壁垒与退出壁垒。根据产业经济学的分析，市场进入壁垒和退出壁垒以新企业与原产业企业之间的竞争关系为基础，反映出新企业进入市场后市场结构的调整和变化。市场进入壁垒和退出壁垒反映了特定市场潜在的、动态的竞争和垄断程度。所谓进入壁垒，指的是在和之前的企业进行竞争的过程中，新的或潜在的企业遭遇到对其不利的因素。这些因素主要包括组织进入、政策法律制度、产品差异化、规模经济、绝对成本优势。绝对成本优势指的是基于固定产量，相较于新的或潜在的企业来讲，当前既有企业可以用较低的成本生产出相同的产品。因为原企业成本低，新企业进入市场后，与原有企业相比，处于竞争劣势地位。原企业的绝对成本优势主要来源于对优良生产技术的控制，优先获取先进的稀缺资源的能力，包括管理能力以及从供应商获得更优惠价格的原料等投入要素的能力。规模经济壁垒使新企业在竞争中处于劣势地位，比原有企业生产成本要高很多，原因是新企业进入某一产业初期时很难形成规模经济。在产品差异化程度较高的行业中，构成进入壁垒的一个更为重要的因素就是产品差别。经过长期努力的原有企业已经形成有较高知名度和美誉度的品牌，拥有具有很高忠诚度的消费者群体，新企业要突破产品差异化壁垒，从原有企业那里争取消费者，要付出很高的销售成本。政府的政策与法律同样会构筑新企业进入的壁垒，如政府给予原有企业的进出口许可证，差别性的专利制度和税收以及政府制定的产业规模控制政策都会成为新企业进入的壁垒。另外，阻止新企业进入的还有在寡头垄断行业中寡头们所实施的利润率控制措施，以及针对新企业制定的歧视性价格等方式和行为。

退出壁垒是指企业难以退出某一产业部门的情况，无论是主动还是被动退出。退出壁垒主要有资产的专用性和沉没成本、解雇费用和政府政策法规限制。一般情况下，资产的专用性越强，沉没成本就越大，而企业就越难以退出；企业如果要退出某一产业部门，就必须解雇工人，所以必须支付数额较大的退职金、解雇工资，即使继续留用工人，也要支付相当数量的转岗培训费用。为了阻止其退出，一些公用事业部门、特许经营部门会被政府制定特殊政策法规。

体育市场的进入壁垒和退出壁垒有两种极端的情况存在。体育赛事市场是进入壁垒和退出壁垒都很高的市场，而体育休闲健身市场则是进入壁垒和退出壁垒都很低的市场。体育赛事市场的寡头垄断市场结构特征和完全垄断型市场结构特征主要是通过很高的市场进入壁垒和退出壁垒体现出来。详细的章程和各种规则是所有的具有重要影响的赛事组织机构必不可少的，并制定了严格限制进入和退出体育赛事市场的规定。所有的成员组织和运动员必须严格遵守这些章程和规则的要求，否则将会受到严厉的惩处。对成员单位而言，如果违背了有关规定，将会受到取消会员资格、停止各种活动、断绝经费支持、处以巨额罚款等多种形式的惩处。运动员如果违背了有关规定，将会受到停赛、禁赛、终身禁赛、罚款等形式的处罚，一旦想退出的话十分困难，坚持退出则会面临很高的风险。体育休闲健身市场跟其他大众服务业相似，企业数量多、规模小，企业自身难以设置进入壁垒，政府的产业政策往往又是持鼓励态度。所以，这类市场的进入壁垒和退出壁垒都非常低。

3. 市场结构的测量

（1）单个企业垄断势力的测量。勒纳指数和贝恩指数是测量单个企业垄断势力大小的主要方法。

勒纳指数是美国学者阿贝·勒纳提出的，他为我们提供了一种以垄断势力为基础的测量市场结构的方法，该方法避免了必须从大量销售资料中推断垄断势力的问题。其计算公式为：

$$L = (P - MC)/P$$

式中：L——勒纳指数；

P——价格；

MC——边际成本。

很显然，价格对边际成本的偏离程度是由勒纳指数所测量的。勒纳指数越大，从边际成本价格来说就会有更大的偏差，一家公司的垄断力量就越强。但是，勒纳指数在实际的垄断势力测量中存在着比较严重的缺陷。首先，勒纳的垄断势力指数在实际的测量中要求人们能够测量边际成本，这是一件非常不容易的事情，同时使问题更为复杂化的是价格必须有可比性的要求。其次，它不考虑公司潜在的垄断行为，而是衡量企业的实际行为。此外，这种方法是建立在比较静态的价格理论之上的，它无法告诉我们目前的边际成本和价格之间的差额是否理所当然地由过去行为所引起。事实上，造成这种差额的原因很多，而不仅仅是垄断。

贝恩指数是通过考察利润来测量市场结构的指标，是由现代产业组织理论的先驱之一贝恩提出的。他的理由是，在一个市场中若持续存在超额利润，说明就存在着垄断因素。其计算公式为：

$$I_B = (P - AC)/P$$

贝恩指数是用企业所获取的超额利润来测量垄断势力的大小。超额利润越大，贝恩指数越高，说明垄断势力越强。贝恩指数比勒纳指数更容易计算，因为贝恩指数是利用平均成本的指数。但是，垄断并不是超额利润产生的唯一原因，技术进步和经营水平的提高都会产生超额利润。而且，即使没有超额利润，也并不是没有垄断势力。所以，贝恩指数告诉我们的是可能的垄断势力，而不是对垄断势力的直接计量。此外，与勒纳指数一样，贝恩指数也是建立在比较静态的价格理论之上的。

(2)产业垄断和竞争程度的衡量。对产业垄断和竞争程度的衡量，人们通常运用产业集中度、洛伦茨曲线、基尼系数、赫芬达尔指数、交叉弹性指数等指标。

产业集中度是最常用、最简单的测量产业竞争性和垄断性的指标。产业集中度一般是整个市场或行业中用某一产业内规模最大的前几位企业的有关数值（产值、产量、销售额、职工人数、资产总额等）所占的份额来反映该产业的集中程度。其计算公式为：

$$CR_n = \frac{\sum_{i=1}^{n} X_i}{\sum_{i=1}^{N} X_i}$$

在这个公式中，CR_n 是指由 N 家企业组成的某一产业部门中最大规模的几家企业的产业集中度，通常人们计算的是四家或八家企业的产业集中度。产业集中度指标测算比较容易，也能较好地反映产业内的生产集中程度以及竞争和垄断的情况。产业集中度指标也存在一些短处，如果这一指标忽略了其他企业的规模分布情况，只反映了最大的几家企业的总体规模，就无法反映最大企业之间的相对关系，而该产业部门的产品差异情况和市场份额的变化也得不到反映。此外，在计算产业集中度指标时，要根据同一产业部门或不同产业部门不同时期的特点，选择不同的数值作为计算的基础数据。否则，会出现高估或低估产业集中度情况的问题。

为了反映整个产业的集中度，也可以用洛伦茨曲线和基尼系数弥补工业集中指数的不足。洛伦茨曲线反映了中小企业的累计数量与规模份额的累计比例之间的关系。基尼系数能把非均匀系数用定量指标反映出来。

由于上述三个指标都在不同程度上存在一定缺陷，研究产业组织的学者们引进了赫芬达尔指数，赫芬达尔指数是一种测量产业集中度的综合指数。它是指一个行业中各市场竞争主体所占行业总收入或总资产有分比的平方和。计算公式如下：

$$I_H = \sum_{i=1}^{n}\left(\frac{X_i}{T}\right)$$

在这个公式中，$\frac{X_i}{T}$ 是指该产业部门中第 i 家企业的规模占整个产业规模的比重。相对于其他指标，赫芬达尔指数在产业集中度测定时兼有绝对集中度和相对集中度指标的优点，而且不受企业数量和规模分布的影响，能够较好地测定产业集中度变化。

不同产品之间的交叉弹性主要反映了有关产业或产业之间的替代性和互补性。一般来说，交叉弹性越大，说明不同产品之间的替代性越强，企业之间的竞争性也就越强。所以，对不同产品之间的交叉弹性的测定，可以反映出生产这些产品的企业之间的垄断与竞争关系。

熵指数是借用信息理论中熵的概念，具有平均信息量的含义。其计算公式为：

$$I_H = \sum_{i=1}^{n} S_i \cdot \log \frac{1}{S_i}$$

公式中 S_i 为第 i 个企业的市场份额。熵指数与赫芬达尔指数一样，也是一个反映市场中所有企业竞争和垄断情况的综合指数，不同的是分配给各个企业市场份额的权数不同。

(二)体育市场行为

体育市场行为是指体育企业和体育组织为了实现最大的利润目标或者更高的市场份额而采取的适应市场供求关系变化的战略决策行动。体育市场结构的现状和特点将制约体育市场的行为，而体育市场的行为又将影响和改变体育市场结构的状态和特征。一般来说，寡头垄断市场的竞争行为是体育市场竞争行为的主要研究对象。

1. 体育市场的竞争行为

体育市场的竞争行为主要有定价行为、广告行为和兼并行为。

(1)定价行为。体育组织或体育企业的市场定价行为由于其目标的不同所采用的定价方式也会有较大差异。如果体育组织或体育企业的目标主要是实现最大化的利润，可能主要采取成本加利润的定价模式、价格领先制定价模式；如果体育组织或体育企业的目标主要是追求更高的市场占有率，则主要采取以降价策略为主的竞争性定价模式。

在体育市场上，如果市场竞争程度不高，许多企业都会采取最为简单的成本加利润定价模式。成本加利润定价法就是在平均成本的基础上加上一个预期利润水平的定价方法。这种定价方法计算非常简单，如果市场竞争不够激烈，市场供求关系又比较稳定，通过实施成本加利润定价法，企业就能够获得预期的利润水平。但是，这种方法又是一种单边的主观定价行为，在竞争激烈的市场环境中，有可能完全失效。例如，体育休闲健身市场在许多地方一旦发展起来，由于企业提供的体育产品具有较高程度的替代性，为获取更大的市场份额所进行的市场竞争就会非常激烈，其中价格竞争是最主要的竞争手段之一，成本加利润的定价方法就很难适应这种市场环境。从国内外的经验来看，在竞争比较充分的市场中，企业更多采用的是习惯定价法、按竞争性产品价格定价法、按生产能力定价法、比较定价法、区域定价法等。

价格领先制定价模式是寡头垄断型市场主要的定价方式。在体育市场上，价格领先制的实施主要是由一家体育企业或组织首先调节价格，其他体育企业或组织则跟随领先企业或组织采取相应行动。价格领先制也有多种具体的定价模式，如主导企业定价模式、串谋领导定价模式、晴雨表型领导定价模式等。主导企业定价模式一般是由规模最大、市场份额最大或社会影响力最大的企业首先确定价格，其他企业自愿跟随或者被迫跟随确定自己的价格。例如，国际奥委会和国际足联由于其所拥有的绝对权威和广泛的社会影响力，使其所确定的比赛门票、赞助费门槛等，就能对相应的洲际比赛、各个国家的大型比赛的比赛门票、赞助费门槛产生决定性的影响。串谋领导定价模式是几家规模很大、实力和社会影响力相当的企业串谋共同确定价格，其他企业跟随确定价格的模式。例如，国际奥委会、国际足联等国际体育组织之间都会采取串谋的方式确定比赛时间、门票价位、赞助费门槛等。采取晴雨表型定价模式的情况主要出现在市场集中度比较低、竞争相对充分的市场上。在这种情况下，首先是由对市场条件变化更具有敏感性和预测能力的领导企业对价格进行调整，其他企业以其对领导企业的信任程度为基础，对自己的产品价格做出相应调整。由于企业规模比较接近，所以企业之间的行动协调比较困难，这就使得这种模式具有不稳定性。

以追求更高市场占有率为目标的竞争性定价模式，根本方法是降低价格，但因具体目的不同又有掠夺性定价、限制性定价两种方法。

掠夺性定价也叫作驱逐对手定价，是指某一企业为了把对手挤出市场或逼退潜在的竞争对手所采取的降低价格的策略。在体育产业成长过程中,特别是竞技体育经营业以外的体育产业门类,一些具有较强实力的企业为了提高自己在特定区域市场中的产业集中度,逐步形成垄断地位,往往会采用这一策略性的定价行为。掠夺性定价策略有三个主要特征:一是掠夺性定价策略具有暂时性。一旦竞争对手被驱逐出市场,企业很快会恢复较高的价格。因为任何企业都不会在承担亏损的情况下向市场提供产品。只要竞争对手退出市场竞争,企业就会立即把价格提高到足以获得经济利润的水平以上。二是掠夺性定价策略的实际目的是缩减供给量而不是增加需求量,只有把竞争对手挤出市场,企业才能实现较高的产业集中度,才能确定具有垄断性的产量和价格,并保证企业获得最大化的利润。三是,采取掠夺性定价策略的企业都是具有实力的大企业。在差别很大的大企业和小企业之间容易发生掠夺性定价行为,因为实行这一策略大企业也要在短期内蒙受一定的亏损,所以大企业更愿意通过兼并来消灭竞争对手。除非兼并成本过高,或者小企业愿意鱼死网破地对抗时,大企业才会采取这一措施。

限制性定价也叫作组织进入价格,是指企业把价格定在获取经济利润同时不会引起新企业进入的水平上。对潜在企业而言,当面对这一价格时会认为进入这一市场只能引起价格下降而失去利润空间,所以投资该领域没有实际意义。企业采取限制性定价策略的直接目的是阻止新企业的进入,实质上是一种牺牲部分短期利益以追求长期利润最大化的行为。因此,限制性定价策略与掠夺性定价策略一样,都不是企业长期定价的策略行为。不同的是,采取限制性定价策略的企业在短期内仍然有一定的利润,而采取掠夺性定价策略的企业要在短期内承担一定程度的亏损。限制性定价策略所定价格的高低会受到市场进入壁垒的程度和规模经济的影响。一般来讲,市场进入壁垒的程度越高,限制性定价策略所确定的价格就会越高,因为市场进入壁垒已经在很大程度上阻止了新企业的进入,这时就没有必要用很低的价格来强化进入壁垒。反之,如果市场进入壁垒的程度很低,要阻止新企业的进入必须按平均的甚至更低的利润水平定价。当规模经济成为主要的市场进入壁垒时,企业在制定价格时一是要考虑让没有达到一定规模的企业无利可图,被迫退出市场;二是要适当增加产出,尽可能减少新企业能够得到的市场份额,使新企业因市场份额不足而无法进行规模经营,导致成本上升,最终退出市场。

除上述价格策略以外,体育组织或企业还会实施价格歧视策略,以达到提高市场占有率、获取更高利润的目的。

价格歧视也称为差别价格,是指企业针对不同的消费者制定不同的价格。价格歧视可分为一级价格歧视、二级价格歧视、三级价格歧视三种类型。一级价格歧视也称为完全价格歧视，是指企业对其所销售的每一单位产品都向消费者索要最高的可能价格。一级价格歧视对企业来讲应该是最为理想的情况，但只有在销售者与消费者进行单独的一对一销售谈判中才能实施，对体育组织或者体育企业来讲是根本无法实现的。二级价格歧视就是企业按照消费者购买商品的数量来确定价格，这种情况比较普遍。体育组织和企业也可能实行二级价格歧视，如健身俱乐部实行的会员价格和非会员价格的区分，一些大型联赛实行的全赛季票价和单场票价的区分，都是典型的二级价格歧视。三级价格歧视是指企业把市场分成两个或多个不同的子市场，同一种商品在不同的子市场按不同的价格进行销售。三级价格歧视的条件一是市场分割，二是需求弹性不同。对体育市场而言，这也是一种常用的价格策略。例如，NBA联盟在不同国家推广NBA时，对发达国家和不发达国家就执行不同的票价。一些体育休闲企业在其他城市建立分支机构并进行市场推广时，也可能根据这些城市居民的收入水平采取低于原有城市价格水平的市场价格，以吸引更多的体育消费者。

(2) 广告行为。广告行为是企业普遍采用的非价格竞争行为：向消费者提供产品信息，介绍产品功能，引导消费者购买。广告分为信息性广告和劝说性广告。信息性广告主要是为消费者提供产品的价格信息、产品的功能和特点、销售的地点和方式、售后服务等。劝说性广告主要是为了使消费者建立起产品差别性认识并形成对产品的良好感觉，从而影响潜在消费者的消费决策。劝说性广告在一些情况下有可能掩盖信息，迷惑消费者，把无差别产品当作差别产品。

企业的广告行为能够对市场结构产生普遍的影响。首先，企业的广告行为能够促进消费者对企业所提供产品产生差异性的认知。广告是企业向消费者传递产品差异性信息的最重要的手段和途径，企业可以通过广告中的有效诉求，让消费者切实认知其所提供产品的与众不同，以便把这些产品与其他企业提供的竞争性产品区分开来。其次，企业的广告行为可以增强进入壁垒。消费者的主观喜好和对自己所提供产品的忠诚度能够被企业大量的广告投入所影响，从而提高企业本身和其所提供产品品牌的知名度。当一家企业通过比较系统、持续的广告运作，使企业和特定产品成为一种在一定区域范围内文化、质量、消费档次的象征时，企业广告投入实际上就成为一笔巨大的无形资产，潜在的市场进入者要在这种情况下进入这个市场，从原有企业手中分得一部分市场份额，就必须投入更多的广告费用以克服原有企业已经形成的商誉，这无疑使其在竞争中处于劣势地位。由此来看，企业的广告行为是产业内部不同企业之间市场份额差距扩大和市场结构发生变化的重要原因。

在体育市场上，企业的广告行为既具有所有企业广告行为的一般特征，也具有自己的特殊性。除竞技体育经营业以外，其他体育产业部门的广告行为符合企业广告行为的一般特征，只是这些体育产业部门的广告能够更多地利用名人效应和赛事效应。例如，体育服装鞋帽制造企业或者签约一些国际级别的受到人们普遍喜爱的体育巨星作为代言人，或者作为赞助商在一些重大的国际比赛赛场、世界著名的联赛赛场进行产品推广，从而极大地增加了产品品牌的知名度和产品销售量。

体育市场上比较复杂的是竞技体育经营业的广告行为。一是大型体育赛事既需要通过广告进行广泛的宣传，又是其他企业广告宣传的载体。这个特征是生产物质产品企业的经营活动根本无法具备的。大型体育赛事的组织者为了吸引更多的体育消费者观赏体育比赛，必须对赛事进行广泛宣传以取得最大化的利润。体育比赛一旦举行，马上会成为现场观众和电视观众关注的焦点，所以许多大型企业为了获得赛场广告权，不惜重金资助体育赛事。对电视观众来说，精彩、激烈的体育赛事有着巨大的吸引力，这又是电视台插播广告的最好机会，所以为了电视转播权，电视台会不惜重金购买赛事的转播权。因此，竞技体育经营业的广告行为实际上是在与广告媒体的商业合作中实现的，而不需要投入巨额的广告费用。体育赛事组织机构最重要的工作是提供最为精彩的赛事并对媒体企业进行销售推广。二是大型体育赛事往往都会得到政府的高度重视和支持。大型体育赛事被许多国家或者城市当作宣传自己国家或城市的一个重要平台和名片，甚至会当作拉动相关产业发展的重要动力，所以政府也会利用自己的宣传工具和手段为这些赛事进行广泛的宣传。这就大量节省了赛事组织机构的广告成本。三是大型赛事一旦被广大体育消费者所认可并形成在全社会有广泛影响力的品牌，每一个体育消费者事实上也就成为一个广告宣传者，这也就降低了大规模广告宣传的必要性。尽管如此，任何体育赛事也都需要体育赛事组织机构运用多种广告形式进行赛事推广，这还是要支付一定的费用的。

(3) 兼并行为。企业兼并行为是指两个以上的企业在自愿基础上依据法律规定通过订立契约而结合成为一个新的企业的组织调整行为。由于企业兼并行为使市场集中度得到较大幅度的提高，市场进入壁垒的程度有所增加，所以兼并后的企业能够获得更为强大的市场支配力量，并导致垄断的出现。所以，人们一般认为以企业兼并为主的企业组织调整行为是对市场关系影响最大的市场行为。

企业兼并行为有横向兼并、纵向兼并、混合兼并三种类型。

（1）横向兼并也叫作水平兼并，实行兼并的企业属于一种产业、生产一类产品或处于一种加工工艺阶段。横向兼并在体育产业内部经常发生，如许多著名的体育用品生产企业都是在不断兼并生产同类产品的其他企业的基础上逐步成长起来的。在竞技体育经营业中横向兼并的情况相对要少一些，但也时有发生，如 NBA 联盟中的许多球队就兼并过低一层次的球队。

（2）纵向兼并也叫作垂直兼并，实行兼并的企业之间存在前向或后向的联系，分别处于生产和流通的不同阶段。这种兼并方式在竞技体育经营业中比较普遍，一些体育用品或体育设施制造企业对职业俱乐部的兼并、一些著名的职业俱乐部对体育用品零售企业的兼并都属于这种类型。

（3）混合兼并也叫作复合兼并，是指属于不同产业、生产工艺上没有联系、产品完全不同的企业之间的兼并。例如，英国著名的胶片生产公司 API 公司对美国 DC 联队的收购，英国投资公司对苏格兰、意大利、捷克、希腊、法国等国家足球俱乐部的收购，都属于这种类型。

现实的体育市场上的企业兼并行为在许多情况下是难以区分具体属于哪一种类型的，20 世纪 90 年代以来体育市场上掀起的企业兼并浪潮，也说明了体育市场上的企业兼并行为同样具有高度的复杂化特征。

有一家著名的产值达一百亿美元的巨型跨国公司叫作 Interpublic 集团。1997 年，该公司成立了 Octagon 体育经销公司，Octagon 公司是一家在十五个国家拥有分支机构的跨国公司，主要经营媒介和广告服务。公司下有三个广告公司、一个世界上规模最大的媒介经营公司、一个公共关系机构。公司的业务范围涉及体育赛事广告经营、电视转播权的经营、英联邦运动会和板球世界杯赛的经营、一些著名运动员的代理、世界特技自行车系列赛的经营等多个领域。在全世界拥有 780 家公司、200 家报纸、一家出版社的默多克公司，从 1992 年开始涉足足球市场，通过经营英超联赛的电视转播权，取得商业上的巨大成功。埃托尼克公司为了保持在美国国内市场的竞争力并进一步向国际市场进军，2007 年看中了意大利乐途体育用品公司，并实现合并。意大利乐途体育用品是欧洲领先的足球鞋和网球鞋制造商，其销售网络覆盖全球 80 个国家。合并后，该公司的产品清单可涵盖高尔夫球鞋、跑鞋、步行鞋和保龄球鞋，并有机会在美国市场销售该公司的产品。

2. 体育市场的协调行为

体育市场的协调行为是指体育市场上的体育企业或组织为了某些共同的目的而采用互

相调节的市场行为。在体育市场上，有两种最基本的市场关系：竞争和合作。在很多情况下，体育组织之间、体育企业之间因各自的利益而展开激烈的竞争，但为了避免过于激烈的竞争导致两败俱伤的局面，又不得不相互妥协以达到对各方都有利的目标。体育市场的协调行为并不是体育组织之间或企业之间通过艰苦的谈判达成协定或契约来实现的，一般采取的是共谋的形式。这主要是因为除竞技体育经营业以外的其他产业领域在许多国家都会受到反垄断法规的约束。体育市场的协调行为主要有价格协调和非价格协调两种形式。

体育市场上的价格协调行为是指体育组织之间或体育企业之间就其所提供的产品的价格决定问题相互协商并采取共同行动。体育市场上的价格协调行为通常有卡特尔和价格领先制两种形式。在存在寡头垄断市场结构的体育市场上，任何体育组织或企业的收益不但取决于其自身的决策和行动，而且会受到其他体育组织或企业决策和行动的影响。卡特尔就是以限制竞争、控制市场、谋求最大化的利益为目的的体育组织或企业通过共谋或串谋的形式进行的一种价格协调行为。例如，国际奥委会与其他国际体育组织之间就电视转播权、赛事标志使用权等无形资产的价格进行磋商并形成默契，实际上就是组成了卡特尔。区域性的体育垄断组织或企业也会以卡特尔的形式就赛事门票的价格、服务的价格、设施使用的价格、电视转播权和标志使用权的价格等进行磋商和串谋并达成一致性的意见。卡特尔具有不稳定的特征，如果出现私自背离默契或协议的情况，将会导致卡特尔的解体。

体育市场上的非价格协调行为与卡特尔非常类似，同样是通过共谋或串谋的形式实现的，只不过共谋或串谋的内容不是产品的价格而是产品供给的时间、地点、规则等方面的问题。例如，国际奥委会与其他国际体育组织就通过共谋的形式来决定奥运会与各种国际体育专业赛事的比赛时间、间隔时间、比赛地点、比赛规则，以避免因赛事冲突造成赛事之间的直接替代，运动员在不同赛事参与上分流使得比赛质量下降，体育消费者在不同赛事观赏上分流使得收益下降等问题。

（三）体育市场绩效

所谓体育市场绩效，是指基于特定体育市场结构，采取特定的市场行为促使体育产业在诸多方面获得市场经济效益，这些方面包括技术进步与产品质量、成本与价格、品种与产量以及利润等。从本质来讲，体育市场绩效一定程度上体现了体育市场运作效率以及资源配置的好与坏。

产业组织理论在研究市场绩效时是基于社会的角度来考虑的，认为如果以效率为标准，从抽象的分析来判断，最有效率的经济就是完全竞争的经济。而使经济偏离完全竞争的经济状态的原因是垄断，会造成效率的损失。市场绩效本身包含着价值判断问题，因而具有高度的复杂性。经济学家通常采用的方法是在假定企业的唯一目标是追求利润最大化的情况下讨论抽象的企业经济效率，主要是判断产业的效率在多大程度上接近完全竞争状态。一是利润率的高低。通常衡量市场绩效的指标是利润率。因为在完全竞争的市场上，资源配置最优，社会效率最高，企业只能获得正常利润，并且企业利润率趋向平均化。所以，企业利润率的高低和是否存在平均利润率就能体现出产业组织的市场绩效。二是价格成本差。价格成本差实际上就是勒纳指数和贝恩指数。这两个指数分别从不同角度反映了市场集中的程度和垄断势力的强弱，从而能够体现这种市场结构对完全竞争型市场结构的偏离程度。三是托宾 Q 值。托宾 Q 值是指企业资产的市场价值与企业资产重置成本之比。如果 Q 值大于 1，则表明股票和债券所测得的市场价值大于目前市价重置的资产成本，表明企业可以在市场上获得垄断利润。Q 值越大，企业获得的垄断利润越大，社会福利赤字越大，市场绩效越低。

因为市场结构和市场行为综合反映了市场绩效，所以仅仅停留在上述层面的评价是远远不够的。市场绩效评价只有充分考虑相互矛盾、相互影响的资源配置效率、技术进步、社会福利水平、社会公平等多个因素，密切结合市场的真实情况，综合评估资源配置效率、产业的规模结构效率、技术进步程度三个方面，才能对市场绩效进行有效评价。对体育市场绩效的评价同样必须基于这三个方面。

1. 体育市场的资源配置效率

经济学的基本原理告诉我们，资源配置效率的主要体现是社会总效用或者社会总剩余的最大化，也就是社会福利的最大化。在对资源配置效率进行评价时，经济学家一般用消费者剩余、生产者剩余和社会总剩余这三个指标来衡量资源配置效率的状况。消费者剩余是指消费者按照一定价格从所购买的某一商品中获得的效用减去为此所支付的价格之后所得的净得利益；生产者剩余是指企业的销售收入与生产费用的差额；社会总剩余是指消费者剩余和生产者剩余之和。经济学家认为，如果市场机制运转良好，市场竞争充分，资源配置的效率就比较高；反之，如果市场竞争不够充分，市场垄断程度比较高，资源配置的效率就比较低。经济学分析表明，与完全竞争的市场相比较，垄断企业通常以较高的价格和较低的产量供给产品，从而攫取了相当部分的消费者剩余，导致了社会福利水平的下降。此外，垄断企业为了谋取和维持其垄断地位还会采取诸如大量的广告、提高进入壁垒的程度、特殊的产品差异化策略等措施，并为此支付巨额的费用，这种不是产品生产和销售所必需的开支，客观上会加重消费者的负担，同样也是社会资源的浪费。

在体育产业发展的过程中，体育组织和体育企业作为市场经济条件下的一种特殊的企业类型，与其他企业一样是硬性预算约束下的市场主体，把追求利润最大化作为企业经营的基本目标，所以衡量体育市场的资源配置效率，必须以社会福利的最大化作为最根本的尺度，也就是要考察体育资源的配置是否能够或者最大限度地实现有限的体育资源的最佳配置，是否能够使生产者实现利润最大化，是否能够使消费者实现剩余最大化或者最大限度的效用满足。考察体育市场的资源配置效率，要从四个方面入手。一是要考察产业的利润率。体育市场的竞争越是充分，体育资源在企业间自由流动就越容易，企业平均利润率越低，平均化程度越高，体育消费者能够获得的福利也就越是趋于最大化。事实上，考查体育产业的利润率，在一定水平上能够明确地推断体育市场对完全竞争市场的远离程度，进而就会知道体育消费者所获的利益与最大化利益之间的差异。二是要考察进入壁垒的程度和市场集中度，进而推断市场竞争是不是充分。三是要考察政府对市场的干预程度，进而推断市场机制是不是被扭曲，是不是存在市场失灵的状况。四是要考察消费者对体育产品的需求情况，进而推断体育产业给消费者带来的效用或利益有多大。

2. 体育产业的规模结构效率

产业的规模结构效率也叫作产业组织的技术效率。因为规模经济的存在，体育资源的利用效率被各种体育资源在体育产业内部的分配状况所影响。体育产业的规模结构效率是指体育资源的利用状况，是从体育产业内部规模经济的实现程度的角度来考虑的，主要包括三个方面。一是实现经济规模的程度。在现实经济生活中，没有一个产业中的所有企业都完全符合规模经济的要求。根据贝恩对美国二十个产业的调查研究显示，即使美国这样经济高度发达的国家的大多数产业中，仍然有10%~30%的产品产量来自非规模经济的企业。这些企业利润率比较低，有的尽管长期亏损，但仍不退出市场，继续进行生产。同时，在部分产业中存在超经济规模的过度集中，有一些大企业经营成本明显高于规模较小的企业。体育产业中的许多经营领域同样存在未达到经济规模的产品生产和供给者，特别是在体育休闲健身业中，这种情况十分普遍，许多虽然企业规模很小，但是运营成本很高，这就影响了体育资源配置的效率。体育场馆经营业中经营供过于求的问题在体育产业中相对比较严重，如我国许多城市的体育场馆能够充分利用的不足50%，在大多数时间存在比较严重的设施闲置。二是经济的合理垂直结合及实现程度。体育产业发展过程中，各个具体产业门类之间存在一定程度的连续流程性质的先后向关联,这些产业部门之间必须有一个合适的比例,包括体育产业规模结构效率或内部结构的合理化。一般来说,用垂直产出占生产的各个阶段产出的比例来表示经济规模的垂直程度。三是企业规模能力的运用。主要有两种情况:一些企业市场集中度低,缺乏规模经济,并有各种程度的设施闲置和利润率低;另一些企业已达到规模经济水平,但设施仍然没有得到充分利用。

3. 技术进步的程度

广义层面上的产业技术进步包括摒除劳动投入、资本投入之外的其他全部有利于经济发展的因素;狭义层面上的产业技术进步则是指产业之中的创新、创造以及技术转移。在产业组织的生产行为和结构的诸多层面都能够体现出技术进步,产业的技术特性与产品具有紧密的联系,大容量、高效率的技术发展与必要的资本壁垒和经济规模相关,技术进步的类型、程度和条件都与企业的兼并和产业集群化发展存在密切的关系。技术进步程度主要反映在经济效率的动态性上,这是衡量市场绩效的重要标准。

体育产业由于其所具有的高度竞争性和所提供服务的消费者直接感受的特征,从一开始就与技术进步和创新紧密关联在一起。竞技体育的训练水平、比赛成绩、场馆设施、运动装备无不充分体现着技术的进步和创新,也正是因为不断的技术进步和创新活动,才使竞技体育的观赏性大大提高,使体育消费者获得极大的满足。体育休闲健身产业源于不断的技术进步和创新,使广大的参与性体育消费者获得了内容更为丰富、方式更为多样、效果更为明显的休闲健身消费。其他体育产业门类更是与技术进步和创新活动密切相关。从总体来看,体育产业的技术进步程度主要通过体育产业的增长和体育消费者所获的福利增长体现出来。

第四节 体育产业的新发展与发展趋势

一、体育产业的新发展

(一)体育产业快与慢协调发展

纵观近三十年的发展,尽管中国经济持续保持高速增长,但也导致了一系列社会危机或称"系统性风险",其中最严重的是资源环境问题。在政府主导的政策红利推动下,体育产业都保持快速发展,都是建立在对体育资源的无度开发、对周边环境的过度破坏和污染的基础之上,特别是快速发展起来的体育用品业。由于资源需求急剧增加,为了满足产业需求和无限制扩大的规模,产业中间能源消耗到极致,大量污染物排入环境中,导致了自然生态系统的巨大破坏。应该说,这些问题不解决,增长越快,矛盾就会愈加尖锐。新常态下,将更加重视经济的可持续发展,"对环境的最小影响、对自然与文化的最大尊重"的可持续理念,将极大地助力体育产业的转型升级,帮助体育产业增长进而走上合理的速度轨道。

(二)体育产业质与量协调发展

体育产业增长保持合理的发展速度,最大的目的是提质增效。中国经济的传统发展方式中,政府更加注重"高大上",即一味追求概念高举高打、项目大干快上、指标月月增长的惯性模式。而这种只追求"量"的惯性模式极大地伤害了体育产业"质"的发展。体育产业逐步陷入同质化、易模仿的劳动密集型产业之中,在体育用品业中体现得相当明显,这在某种程度上严重打击了企业自主创新的动力,制约了体育产业的品牌化、质量化发展。新常态下,将更加重视技术进步在体育产业发展中的作用,由量入质,政府将在体育产业运营中实现几大关键转变:一是从盲目规划到制定战略——为区域经济找出口;二是从抓项目到抓环境——为企业经营市场、民众经营体育产业做好大环境建设;三是从搭框架到精装修——推动城市体育产业更新与产业升级。

(三)体育产业新与旧协调发展

传统的消费观念更加注重吃得好、穿得暖,因此消费需求主要集中在衣、食、住、行等方面。近年来,人们消费观念产生较大变化,特别是"80后""90后"新生代人群的消费观念、模式与此前有着深刻的差异,健康、养老、休闲度假、体育、文化娱乐、生活服务等"大消费"需求,日益成为富裕起来的中国人的强烈要求,新增长需求与旧发展模式的冲突日渐显现。新常态下,迅猛发展的全新消费需求将对体育产业产生极大的影响,与这种需求相适应的是体育产业需要重新定位,从经营理念到商业模式都要经过再生式重构。这意味着新模式对旧模式将产生巨大冲击,自然也将拉动传统体育服务业与传统体育制造业发展,推动新一轮体育产业高速增长。

(四)体育产业政与商协调发展

由于传统"赶超型"发展方式的惯性影响,我国的土地、劳动力和资本等生产要素和资源产品的价格,长期受到国家管制,所以严重偏低,导致生产要素和资源产品价格不能准确反映市场供求状况和资源的程度。因此,中国体育市场价格形成机制不健全、价格失真,特别是土地、资源和资金等要素的虚假低成本,鼓励了体育企业过度投资和忽视效益的倾向,误导了投资和消费,体育产业变为高投入、高耗费、低效率的发展方式。新常态下需要划清政府与市场的边界,实现政府之手与市场之手互动发展。这就意味着新型政商关系的出现,政府干预体育产业发展与市场成长的方式将进一步优化,介于政府与企业之间的中坚力量将更多地发挥作用,市场上升到"决定性"地位形成的新型政商关系自然会对体育产业产生较大的促动。

(五)体育产业内与外协调发展

经过多年全方位对外合作与交流,中国经济与世界经济已经进入一个深度交融、难分彼此、相互制衡又相互依赖的全新阶段,这表现为中国经济对世界经济的依赖度超过60%,而中国作为新兴经济体的龙头国家又对世界经济增长起到举足轻重的作用。这种立体化深度交融状态,一方面带动中国体育产业得到快速发展;另一方面也带来一系列的矛盾和冲突,甚至遭遇到此起彼伏的贸易摩擦。据不完全统计,近年来中国体育用品遭受的反倾销产品不断增多,已经由最初占主体的运动鞋等较低端产品,逐步延伸到冲浪板、网球、自行车等运动器材中的中高端领域,囊括了反补贴、保障措施、特保、进口许可监控等多种反倾销类型,给中国体育用品外贸出口持续发展带来重大威胁,也对体育产业的宏观调控造成严重干扰。新常态下,将更加注重体育产业的转型升级,在体育产业的各个领域寻求与国际社会的全新对话与合作模式,这无疑将为体育产业的正常稳定发展注入新鲜活力,推动体育产业的国内发展与国际发展。

二、体育产业发展形势

体育产业是经济发展的助推器,是朝阳产业,是绿色产业。随着我国经济转入新常态,体育产业在21世纪会有新的更大发展,具体表现在以下几个方面。

(一)产业发展方式实现转变

目前,我国发展阶段产生了深刻变化,由满足自身生存需要的生存型阶段转变成以追求自身发展为主要目标的发展型阶段。发展阶段的变化引起我国需求结构的战略性升级,体育产业规模持续扩大,表现出极强的上升张力。当然,我国发展阶段的变化也使社会矛盾呈现阶段性的特征,长期以数量为导向的"增长主义"很难持续下去,体育产业转型升级已经成为发展的客观趋势。虽然我国面临的外部环境有挑战,但总体上还是比较有利的。进入后危机时代,全球化秩序的调整为我国利用国际市场实现体育产业发展方式转变提供了有利的条件。我国如果实行更加主动的发展策略,把握发展转型带来的机遇,更加主动地融入全球体育经济中,肯定会加快体育产业发展方式转变的步伐。

(二)产业跨界融合成为主流

当前我国体育产业还处于初级阶段,但是上升的窗口已经打开,跨行业形成的市场开放化、资本多元化局面为体育产业注入了快速发展的动力。

伴随世界经济的快速发展,体育产业已经突破了单边发展的限制,体育产业体现的包容、混合性的优势,将其推向更加开放化和多样化的境地。体育与各个行业已经出现更加深度融合的征兆,这为体育产业提供了更好的发展空间。

(三)城市体育产业实现引领

目前,我国城市数量急剧增加,城市化水平已经超过50%,按照城市化进程呈现"S"形发展的规律,现阶段我国城市化是以"同化"过程为主,并以城市文明扩散来加快城市文明普及率的提升。要想推进体育产业发展,必须推动体育产业的不断改革,生产力的进一步释放。

随着大城市影响力、中等城市产业链、小型城市卫星点的逐渐形成,我国城市体育产业肯定会更加快速发展,成为行业发展的领头羊。

(四)消费结构优化成为主向

目前,我国在沿海地区及大中城市等经济发达地区已经形成了数量可观的高消费群体,具备了相当规模的体育消费市场。虽然整体上尚未进入高消费阶段,但是随着我国中产阶级人群的进一步发展壮大，体育经济将在整体上由成熟阶段向高消费阶段转变。老百姓对体育物质消费品需求的增势将逐步减弱，对与人的健康和生活质量提高密切相关的体育服务消费品的需求正在快速提高，体育休闲娱乐需求快速增长，体育消费结构将逐步向去物化方向发展。

(五) 产业区域结构协调发展

以珠江三角洲、长江三角洲、京津冀地区为中心的体育产业经济圈将向着规模化、现代化方向发展，这些区域的中心城市，如北京、上海、广州等城市将成为我国体育产业发展的模范，这些城市将带动全国其他地区体育产业的加速发展。随着"一带一路"国家战略逐步推进，内陆和经济不发达地区体育产业发展的基础设施条件将会得到很大改善，各个地方利用当地独特的体育资源发展具有地方特色的体育产业与东部发达地区协调发展形成互补。

(六) 产业竞争能力明显提高

经过努力，我国体育产业的核心竞争力得到明显提升，体育用品企业更加重视产品的科技含量和创新产品的研发能力，有一批具有国际市场竞争力的明星企业与品牌逐渐成熟。相应地，一批具有国际影响力的体育赛事也将会被我国引进，一批具有自主品牌的地区特色体育赛事将会形成，以此为推手可以带动体育产业再上一个台阶。

(七) 改革产业制度稳步进行

政府体育部门在管理体育产业中的职能将进一步明确，在体育产业政策的制定与完善、体育产业体制机制的创新、体育市场的培育与监管以及体育产业基础性工作方面将发挥重要作用，着重加强宏观调控，以政策法规为杠杆推动全社会体育产业发展。体育产业的行业管理与社会管理职能进一步增强，体育产业领域中各协会组织的沟通、协调、服务和监督作用将得到充分发挥，市场配置体育资源的效能将进一步提高。

第二章　高校体育产业的现状与发展

第一节　高校体育产业的现状

进入产业全球化的 21 世纪，随着我国加入世界贸易组织，体育产业也迎来了良好的发展契机。加入世界贸易组织后，我国不仅享有作为世界贸易组织正式成员的权利，与其他国家进行资源共享，还可以引进世界先进的理念和科学技术，为我国的产业发展提供有力的保障，对我国产业的发展具有重要的意义。作为体育发展的基础，产业的发展也必将推动体育事业的发展，两者相互依存，相互关联，尤其在我国市场产业高速发展的今天，两者的依存关系更为明显。

体育产业是我国国民产业的重要组成部分，在当前的产业大背景下，我国的体育产业也正在由"以体为本，各种经营"的创收模式向"本体推进，全面发展"的产业化方向发展。而高校体育产业作为当代体育产业的一部分，其发展不仅受到当代体育产业的制约，更受到我国产业总体发展水平的制约。因此，分析高校体育产业的现状对于全面认识我国产业发展水平，为其提供合理化建议和举措具有至关重要的作用。

体育产业的发展必然带动经济的发展，体育产业是为满足人们对体育消费的需求而使体育产品或体育劳务进入市场运作的产业门类。具体来说，体育产业几乎涵盖了所有与体育相关的各种产业活动，如体育服装、体育器材等物资，体育广播、广告宣传、赛事传播等信息产品以及体育旅游、场地租赁、体育竞赛等体育劳务。由此可见，作为新兴的第三产业，体育产业具有广阔的覆盖面和较高的产业关联度，涉及国民产业的各个行业，如生产制造业、建筑业、信息服务业等。

高校体育作为体育产业的一部分，其现状不仅与当代体育产业的发展息息相关，更与高校教育事业的发展有着密切的联系。目前，我国的高校教育事业得到了快速发展，高校加大扩招力度，开展了更多、更实用的高校体育教学课程。尤其是随着高校教育改革的不断推行，素质教育成为高校教育的核心内容，所培养的已不仅是理论型人才，而是理论与实践相结合，具有专业能力和综合能力的高素质人才，这为以后高校体育产业的发展提供了优秀的人力资本。

随着体育产业市场化程度的不断加深，高校体育市场作为体育市场的一部分，与社会的体育市场相比，拥有更多的优势。

首先，在体育设施上，我国高校拥有丰富的体育场馆和各种体育器材设备，不仅可以满足教学的需要和日常的训练，而且对外开放，满足社会各界人士的体育消费需求，如建造体育俱乐部、健身房、举行体育赛事等。

其次，高校拥有优秀的体育人才，他们经过学校系统、专业的训练，拥有专业的体育技能，是未来体育竞技市场中重要的人才资源。

再次，高校拥有大量优秀的体育劳务资源，高校的体育教师不仅拥有系统、专业的体育理论知识，而且有丰富的运动实践经验，能为体育培训、技术训练等体育指导行业提供优质的服务。

最后，高校还拥有强大的体育科研力量。我国竞技体育的发展、体育市场的开拓以及体育产品的研发都离不开体育科学技术的发展，而我国高校专业的学术水平、先进的科研设备为体育科技的发展奠定了坚实的基础。高校的体育科研成果不仅可以直接推向体育科技信息市场与体育传媒市场，而且可以直接为体育运动训练提供科学的理论指导。

由此可见，在高校体育产业的发展过程中，高校体育市场拥有众多的优势，利用这些优势，根据社会、高校对体育消费的多层次需求管理、经营高校体育，对于促进高校体育产业的快速发展有着重要的作用。

一、高校体育产业发展过程中面临的问题

我国高校体育产业的发展建立在市场产业发展的基础之上，受产业发展规律和体育发

展规律的双重支配，各方面还不够完善。高校体育一旦进入市场化运作，就不可避免地受到社会各方面因素的影响。因此，高校体育产业在发展过程中面临诸多的问题。

（一）高校体育产业发展理念相对不完善

我国高校体育产业发展中所面临的首要问题是高校体育产业发展理念的不完善。目前还没有形成清晰、系统的发展理念，市场观念相对较为落后，与社会的合作交流较少，影响了高校体育产业的市场化进程，进而阻碍了高校体育产业的发展。

进入21世纪以来，科学、教育、产业、思想观念等不断地完善和改革，传统的教育和产业观念已跟不上时代的步伐，无法满足现代化教育和产业发展的需要。高校管理者还未意识到体育产业发展对于高校教育的重要意义，还未形成科学、先进的高校体育产业发展理念，以至于我国高校体育教学与体育产业的发展仍处于分离状态，无法很好地融合。此外，我国高校体育产业化的思想还未形成，指导思想也不够全面，不能很好地融入市场，同时缺乏与社会之间的交流合作。

分析我国高校体育产业化的发展，不难发现，我国高校体育缺乏开放的意识，将教学活动和校内的体育活动作为重点，未能很好地意识到高校体育与社会产业之间的联系。因此，高校体育与社会产业无法形成良好的互动，其相互促进、相互推动的良性关系也被抑制，使得社会产业发展所带来的有利条件无法应用到高校体育教学中，而高校体育产业也未能为社会产业的发展做出其应有的贡献。

同时，由于我国高校管理机制不够灵活，缺乏健全的管理机制，传统的经营管理理念无法适应现代化的市场需求，又缺乏先进的体育产业指导思想，以致在高校管理者间无法形成系统、专业的高校体育产业市场化发展理念。如在面对扩招和学生规模不断扩大的情况下，高校仍按照传统的理念依靠国家财政的拨款和学校的资金投入维护学校的日常运转，而不是通过自身的优势发展高校体育产业以弥补资金的不足和带动国民产业的发展。

由此可见，在高校体育产业发展过程中，高校领导者和管理者缺乏资源整合的意识，还未形成高校体育资源社会化、市场化的观念，缺乏先进的高校体育经济发展理念，尤其在高校体育资源的利用上，缺乏创新意识。这些理念的缺失阻碍了高校体育产业的发展，也是当代高校体育产业发展亟须解决的问题。

（二）高校体育产业组织相对紊乱，发展模式相对单一

随着我国体育产业的快速发展，作为体育产业的一部分，高校体育产业的发展也得到

了很大的提升。然而，就全国高校体育产业的整体发展水平来看，还存在一定的不足，其中发展模式相对单一、组织相对紊乱是目前我国高校体育产业发展中遇到的又一难题。

由于缺乏先进的发展理念和科学、系统的管理制度，部分高校在发展其体育产业过程中因循守旧，未能做到与时俱进且及时地改进管理模式，尤其对高校体育产业的发展未能足够地重视，以致高校体育产业出现发展模式相对单一、结构不合理的问题。此外，倘若体育产业工作在开展过程中遇到问题，由于缺乏统一的管理，各部门之间难以进行有效地沟通和协调，且相互之间责任不明确，使得问题难以解决。

另外，我国的高校体育产业缺乏整体的市场操作运行环境，结构配置不合理，在一定程度上没有完全摆脱计划产业的束缚，尚不能形成良好的市场化经营。

（三）高校体育资源闲置，未发挥其优势

高校体育产业在发展中有着得天独厚的资源优势，不仅拥有健全的体育设施、丰富的体育人才训练和培养经验，而且拥有良好的体育科研氛围，为体育产业的拓展和体育产品的研发提供了有力的技术保障。然而，这些丰富的物质资源和人力资源却没有得到合理的开发和利用，大部分都处于闲置状态，在高校体育产业的发展中未发挥其真正的优势，造成了资源的严重浪费。

国家历来重视教育，对教育的投入逐年加大，尤其是随着科教兴国战略的提出和我国成功举办奥运会以来，国家对高等教育尤其是高校体育教学更为重视，不断地为高校体育教学投入大量的资金，建设各项体育设施、培养大量优秀的体育人才。然而，由于高校体育产业发展理念的缺乏及管理机制的不健全，以致这些丰富的高校体育资源出现了严重浪费的现象。

如高校体育设施大部分只是对内开放，在学生没有体育课程的情况下或寒暑假期间，大量的体育教学资源均处于闲置状态，甚至一些高校的体育设施如现代化的健身房、网球馆、游泳馆、田径场等大部分时间一直处于关闭状态。

高校体育资源的大量闲置，造成了严重的资源浪费，不仅浪费了国家投入的资金，而且也为高校体育产业的发展带来了极为不利的影响，使得高校体育教学与体育产业的发展未能有机结合，阻碍了高校体育产业的发展。

（四）缺乏高素质、综合型的体育产业人才

作为我国市场产业的重要组成部分，高校体育产业的发展是面对市场竞争的必然结

果，必然会受到市场产业的冲击与考验。在残酷的市场竞争中，人力资本显得尤为重要。甚至可以说，市场竞争归根结底是对人才的竞争。然而在我国高校体育产业发展中，却面临着高素质、综合型体育产业人才严重缺乏的问题，以致我国高校的体育产业在参与市场竞争中处于劣势地位。

从目前我国高校的体育经营管理现状来看，没有采取有效的措施来培养和提高管理人员的素质，以致高校体育经营管理人员综合素质相对较低，且数量相对较少，某些高校甚至出现了只是让学校体育教师暂代管理和操作的现象。由于对体育、产业等专业知识的缺乏，对市场化运作的不熟悉，这些高校体育产业管理者很难制定出适合当前产业发展的经营模式，难以与社会产业较好地融合，以致高校体育产业在进入市场后缺乏足够的竞争力，不断被其他社会产业所排挤，很难取得预期的产业效益和社会效益。

由此可见，高素质、综合型体育产业人才的缺乏是阻碍高校体育产业发展的关键因素，也是当代高校体育产业发展过程中所面临的难题之一。

二、如何解决高校体育产业发展过程中面临的问题

（一）转变思想，建立高校体育产业发展理念

我国高校体育产业发展过程中所面临的首要问题是高校体育产业发展理念的缺失。因此，要解决这一问题，主要是转变思想，摆脱陈旧观念的束缚，逐步建立起科学的高校体育产业发展理念，为高校体育产业的发展提供有力的思想指导。

目前，我国的各种产业得到了突飞猛进的发展，人们的生活水平不断提高，消费观念与以往相比也有了不同。人们的消费需求已不仅仅是衣、食、住、行，而是有了高层次、多样化的追求，其中人们对体育娱乐、健身等的消费需求与日俱增。尤其是随着体育事业的发展和我国成功举办奥运会以来，人们对体育的热情不断提升，掀起了全民体育运动的浪潮。在这样的社会背景下，高校体育产业管理者应该及时转变思想，改变陈旧观念，意识到产业发展、人们体育消费需求与高校体育产业发展以及高校体育事业的关系，建立科学的高校体育产业发展理念，将高校体育产业融入市场产业中，促进其快速发展。

具体来说，高校应逐渐摆脱传统教学模式的束缚，建立产业发展的观念，以产业的发展带动高校体育教育的发展，反过来又以高校体育教育的发展推动高校产业的发展，使之良性循环。在具体工作中，高校体育经营管理者应深刻理解体育和产业的发展规律，依据

市场产业规律制订经营计划，既要注重产业利益的获取，又要注重高校体育教学与产业的有机结合，使高校体育产业既能为高校体育发展带来益处，又有利于社会产业的发展。

此外，高校体育产业在发展中，经营管理者还应提高认识，改变思路，在发展中坚持以体育功能为基础，以民众体育消费需求为导向，在体制上冲破原有的封闭性，积极面向市场，建立市场竞争机制的新理念。在此过程中，高校体育要充分发挥自身的优势以争取利益的最大化，在市场产业的新环境里，建立长远发展的战略思想，使高校体育逐渐摆脱高校教育附属品的束缚，使其真正适应市场产业新形势发展的需要。

只有转变思想，改变观念，建立科学的高校体育产业发展理念，才能从根本上改变高校体育产业发展的现状，为其快速、稳定的发展提供有力的思想指导，使其在市场产业飞速发展的浪潮中立于不败之地。

（二）健全管理机制，开拓体育市场

针对我国高校体育产业存在的问题，我们必须尽快建立健全的高校体育产业管理机制，优化高校体育产业结构，不断地开拓体育产业市场，使我国高校体育产业得以健康发展。

高校体育产业是体育产业的重要组成部分，也是当代高校体育事业发展的强大助力，它既与高校体育有着密切的关系，又与产业密不可分。随着我国市场经济的飞速发展，高校体育产业要想在社会产业改革的浪潮中占据一席之地，必须朝市场化方向发展，这要求高校体育产业必须从高校体育教学管理部门中分化出来，建立专门的、健全的管理机制对其进行管理。高校要成立专门的管理部门对高校体育产业的各项事务进行科学的管理。

管理部门对高校体育产业的管理工作要做到科学、有序，同时要积极地探索高校体育产业的发展方向，按照产业规律和体育发展规律进行合理的市场化运作。此外，高校体育产业管理部门还要不断完善管理机制，制定出科学、完善的高校体育产业管理规范，努力使高校体育产业的管理工作做到规范有序。

除此之外，高校体育产业管理者还要重视民众对体育消费的需求，探索民众体育消费的焦点和潜在需求，利用自身的资源优势不断开拓高校体育产业的领域，优化高校体育产业结构，摆脱发展模式单一的现状。这要求高校体育产业管理者转变经营思路，更新以往的旧观念，以市场为导向发展高校体育产业，如在高校体育设施的开发和利用上，不仅要面向校内，更要合理地对外开发，在体育产品开发上，不仅要重视物质产品领域的发展，更要认清自身的资源优势，努力发展体育培训指导、健身娱乐等服务产业。

(三)重视高校体育资源的开发利用

高校体育产业要想取得更快更好的发展，必须结合自身独有的资源优势，充分开发和利用自身的体育资源，抓住目前体育产业发展的良好机遇。

我国高校拥有丰富的体育资源，无论是先进的体育设施和器材，还是专业的人力资源优势都是其他产业所不具有的，高校还应充分认识到这一资源优势，利用自身的有利条件来发展高校体育产业。高校还应以市场需求为导向，认清自身的发展方向，从民众的体育消费需求中寻找自身发展的商机，明确自身的发展目标，制订出详细的发展计划，在此过程中，要将目前我国国民不断提升的体育消费需求与高校体育产业开发结合起来，改变过去只对内开放的单一模式，逐步开展以国民体育消费为主的多样化经营模式。如将体育场馆、健身俱乐部、羽毛球馆等向民众开放，使民众不断地认识和接受高校体育服务，为其在社会产业中的发展奠定基础。

同时，我国的高校体育产业要转变经营模式，应由事业单位性质向经营型过渡，实现企业化管理，逐渐做到全面对外开放，满足民众对体育消费的多层次需求。如与社会建立合作关系，通过两者的互助、互动实现资源的共享和产业的联动。还可以通过与当地文化部门的合作，承接各种体育文化活动、举办体育赛事和大型演出，不仅能带动当地的体育消费，而且增强了体育文化的传播。

此外，我国的高校体育产业发展还可以借鉴国外高校体育产业的发展经验。如国外的高校教育经费来源，其资金的获得是多渠道的，不仅是依靠国家的财政拨款，更重要的是自身体育经营的收入。由于社会民众深厚的体育文化底蕴和极具观赏性的体育项目，国外的高校常常联合各个高校开展校际体育比赛，通过出售门票获得可观的产业收入，此外还有体育传媒、企业赞助的收入等。

通过国外高校体育产业的发展经验，我国高校可以结合自身实际情况适当借鉴，不断深入开发自身的资源优势，拓展高校体育的经营方式，实现高校体育的创收。

总之，在高校体育产业的发展过程中，必须重视自身资源的开发利用，利用自身强大的优势不断地占领体育市场，使得高校体育资源发挥其应有的价值，促进高校体育产业快速发展。

(四)注重综合型体育产业管理人才的培养

综合型体育产业管理人才的缺乏制约了我国高校体育产业的发展，要解决这一问题，必须重视对综合型体育产业管理人才的培养，加大其培养力度，为我国高校体育产业的发展提供优秀的人力资本。

高素质的体育产业管理人才是影响高校体育产业发展的关键因素，也是其最为重要的人力资本，通过他们创造性的脑力劳动，不仅能创造出新的商品价值，而且更为高校体育产业的发展带来了巨大的产业效益。高校体育产业的发展离不开专业的人才进行经营和管理，这不仅需要拥有专业而系统的体育知识，更需要有产业发展的观念，应能够根据市场产业的规律进行科学的市场化运作。然而在目前的高校中，这种综合型、高素质的体育产业管理人才却相对较为缺乏。因此，为了高校体育产业更好、更快地发展，高校应注重对此类人才的培养。

首先，高校应加大综合型体育产业管理人才的培养力度，拓宽人才培养的渠道，通过多种途径和方式为人才的培养创造有利的条件。如高校可以利用自身教育资源的巨大优势，通过体育学、产业管理学等课程的开设对高校体育产业管理者进行系统、专业的培训，并定期举行讨论会，建立完善的考核制度以保障培训的效果。

其次，高校应采取科学的培养方式，做到理论联系实际，既要注重专业理论知识的教学，也要重视实践训练的指导，通过一系列的产业发展方案和实施过程，将理论知识融合到产业实践中，使高校体育产业管理者用理论指导实践，在实践中检验理论。此外，高校相关院系要发挥自身的专业优势，根据实际需要及时调整自身的专业结构和课程设置，明确人才培养的目标，为社会输送更多高素质的高校体育产业管理人才。

总之，在产业全球化和知识信息时代，市场的竞争归根结底是对人才的竞争，人才是社会产业、文化、国家实力等发展的核心要素。因此，在21世纪，注重综合型体育产业管理人才的培养，不仅对高校体育产业的发展具有重要的意义，而且对于整个社会产业的发展也有着不可估量的重要作用。

第二节 高校体育产业的发展产业分析与展望

随着我国产业和体育事业的飞速发展，体育产业在国民产业中所占的比重越来越大，也越来越受人们的关注，其所关联的体育产业延伸到社会生活的方方面面，在此背景下的高校体育产业也得到了良好的发展。尤其在产业与信息全球化、文化多元化的21世纪，高校体育产业的发展不容小觑，其所呈现出的发展趋势值得我们关注，其发展前景更需要我们去展望，这对高校体育产业健康、稳步的发展具有重要意义。

21世纪不仅是信息化的时代，更是产业全球化的时代，社会生产力的高度发展、社会分工的不断完善以及科技、产业、国际贸易的自由化等为产业全球化时代的到来提供了良好的契机。具体来说，产业全球化使世界产业活动跨越国界，并通过对外贸易、资本流动、技术转移等方式，形成相互依存、相互联系的全球范围内的有机产业整体，它是商品、技术、信息、货币等生产要素跨越国界和地区的流动。

产业全球化是21世纪产业的重要特征，也是世界产业发展的趋势，为我国产业的发展带来了机遇和挑战，对我国产业具有重要的影响。首先，产业全球化有利于我国引进世界先进的管理理念和科学技术，加快我国工业化进程，优化产业结构，促进与世界的产业交流；其次，产业全球化有利于我国参与到国际分工的大环境中，发挥我国特有的人力资源和物力资源优势，更好地开拓海外市场；最后，产业全球化可以给我国带来高新技术的创新与革命，有利于我国发展高新产业，实现产业的跨越式发展。

在产业全球化的带动下，我国体育产业取得了飞速发展，逐渐与国际体育经济接轨，不断地交流、碰撞融合。与此相适应，作为体育产业的组成部分，我国的高校体育产业在未来的发展中也将呈现出产业全球化的发展趋势。

作为高等教育的主体，高校拥有丰富且优秀的教育资源，而高校体育产业的发展离不开大量高校资源的投入。无论是硬件设施、场地的投入，还是培训服务、教育资源等的软实力的投入，高校作为投入的主体占据重要的地位。随着信息化时代的到来和现代教育理念的发展，不仅使国内高校联系得更为紧密，甚至连国际高校间的互动和交流也变得更为频繁和活跃，它们共享各种信息和教育资源，互相访问和对话交流，甚至通过信息平台的搭建和国际高校的友好合作，完成高校体育硬件资源和软件资源的共享，这些都为高校体育产业全球化的发展提供了良好的平台。

如在体育赛事上，通过互联网的传播和新媒体技术的应用，国际高校体育联赛的传播得以实现，通过国家的政策扶持和企业的积极参与，各种体育产品得到更好的推广和宣传，所引发的不仅仅是国内的体育消费行为，而是全球范围内的体育消费行为，由此所带来的产业效益也将更为可观。

在产业全球化不断加速的今天，尽管我国高校体育产业起步发展阶段存在一些问题，但随着我国体育事业和产业的高速发展，结合其自身所具有的独特优势和得天独厚的发展条件，我国的高校体育产业在未来的国际化大背景下将会取得更好的发展，而不断增强的产业全球化趋势更为其发展提供了良好的助力。

高校体育产业的发展必然带动体育产业的发展，而高校体育产业的飞速发展也为体育产业提供了强有力的支撑。体育产业是体育产业市场化的必然产物，而体育的社会化、产业化也是体育产业长远发展的必然途径，两者相互依存、相互促进。我国的体育产业虽然起步较晚，但发展迅速，规模也不断扩大，尤其在产业全球化的大背景下，不断地寻找着自身的突破点。目前，我国的体育产业已不再局限于体育事业本身，而是将其触角延伸到社会生产的各个领域，带动相关产业的发展，呈现出多元化发展的趋势。

我国极为重视体育事业的发展，而体育事业的繁荣和发展也必将带来体育产业的高速发展。在此背景下，我国的体育产业也将迎来新的发展机遇，高校体育产业作为体育产业的重要组成部分，也将在新的产业形势下呈现出多元化的发展趋势。

在过去，我国的体育产品结构比较单一，多集中在体育服装、运动鞋，体育器械等有形的产品上，而对体育无形资产的开发和利用缺乏足够的重视。然而，随着科技的进步、产业的发展和我国民众体育消费意识的提高，我国的体育产业多元化趋势明显增强。如目前体育场馆的运营、高校体育培训系统的建立、高校体育俱乐部及赛事的安排等，都是体育产业多元化发展的结果。

此外，高校拥有先进的教育资源和设施，对体育教学、体育产业等理念的研究以及开发各种体育产品有良好的基础，通过和社会企业合作，搭建良好的经济互动平台，不断开拓体育产业的领域，将会为高校体育产业的发展带来新的机遇。如通过体育赞助这一互利共赢的合作形式，高校不仅可以解决体育赛事的经费问题，促进高校体育事业的发展，而且合作企业的知名度也会大幅提升。另外，在高校体育产品的开发上，高校拥有先进的科研力量，有利于开发出适应当代社会需求的新产品，为高校体育产业的多元化发展提供了丰富的技术资源。

随着高校体育产业的不断发展和完善，其商业化运作手段日渐成熟，商业化运营模式成为促进高校体育产业发展的重要手段。在未来的发展中，高校体育经济将会呈现出商业化程度不断加深的趋势。

高校体育产业的商业化程度反映了我国体育产业的发展水平，其越来越成熟的商业化运作手段和运营模式为体育产业注入了新的生机和活力，同时也为我国体育产业的发展提供了有力的保障。随着体育产业化的发展和产品质量等级的划分，高校体育产业产品的垄断程度也将进一步加深。在未来的体育产品领域，将会出现体育产业产品垄断的局面。

从我国体育产业的发展规模和速度来看，高校体育产业已经开始跨越产业的限制，带动周边产业的发展，具有良好的规模效益和示范作用。目前，高校体育产业有着向全产业化和多领域发展的趋势，与其相关联的周边产业也得到了快速的增长，不仅满足了自身发展的需要，更带动了体育产业整体的发展。因此，随着高校体育产业商业化程度不断加深，其所带动的周边产业的发展也将成为高校体育产业发展的良好前景。

高校体育产业是我国体育产业的重要组成部分，也是我国国民产业的重要组成部分，对促进国家产业的发展具有不可忽视的作用。尤其在产业全球化不断深化的今天，我国政府及相关部门对高校体育产业的发展予以了高度重视。从国家出台的各项法律政策不难看出，政府加大了对高校体育产业的扶持力度，不断完善法律法规，为其健康、快速的发展提供了广阔的空间和有力的环境保障。

随着国家政策的大力扶持和体育产业的产业化和规模化，我国高校体育产业每年都在稳步提高。其自身的优势为其发展提供了良好的基础，已经成为未来新兴产业的重要组成部分，而其在国民产业中所占的比重也将不断加大，为国民产业的发展做出了重要的贡献。同时，高校体育产业的快速增长也为高校体育事业的发展提供了良好的物质基础，两者相互依存，互为助力，保持了良性循环。

由此可见，在产业全球化和我国产业高速发展的背景下，作为体育产业的重要组成部分，我国的高校体育产业呈现出不同的发展趋势。无论是产业全球化趋势的不断增强、体育产业呈现出的多元化发展，还是商业化的不断加深及其在国民产业中所占的比重不断加大，都是我国高校体育产业在新的历史时期所呈现出的新常态。对这些产业发展趋势加以分析和展望，是每一个体育产业工作者应尽的责任和义务，同时高校体育产业的发展趋势也为我国的产业发展提供了新的机遇和挑战。

第三节 高校体育产业管理

随着高校体育产业的快速发展，对其进行科学的管理十分必要。这不仅对它不断完善自身的管理体制有着极大的意义，而且也为高校体育产业长期、稳定地发展提供了强有力的保障。

高校体育产业管理是当前教育和产业大背景下发展高校体育产业的必然趋势。

随着我国市场化程度的进一步加深，我国高校体育产业在市场化的浪潮中要想占据一席之地，必须要有健全的管理体制和市场运行机制，在高校体育产业市场化改造的过程中，高校体育势必受其影响。因此，在当前的教育和产业大背景下，对高校体育产业进行科学管理是高校体育发展的必然趋势，也是高校体育产业能够长远发展的保障。

在高校中采用商业化的管理模式是高校体育产业发展中极为重要的创新。创新是以新思维、新发明为主要特征的概念化过程，在产业、科学、文化等进步中具有至关重要的作用。随着知识产业时代的到来，更是为高校体育产业工作带来了新的挑战，创新在此时显得更为重要。作为高校经营管理工作的重要内容，高校体育产业管理在推进高校整体工作前进的同时，也必然经历理念的创新与超越。因此，在高校中选择商业化的管理模式不仅是高校体育经济发展的必然趋势，也是时代对其提出的必然要求。

由此可见，对高校体育产业进行科学的管理是大势所趋，不仅是当前教育和产业大背景下高校体育发展的必然趋势，更是高校体育产业发展中极为重要的创新。因此，在高校体育产业飞速发展的今天，对其进行科学的管理显得十分必要。

一、发展高校体育产业的好处

（一）有利于高校体育充分发挥其产业效益

市场产业的发展和体育事业的繁荣为高校体育事业的发展带来了前所未有的机遇，高校体育与市场产业的融合是高校体育产业发展的必然趋势。随着我国市场产业体制的不断发展和完善，高校教育面临着改革和创新，之前完全依靠国家财政拨款的办学模式已不再适应社会的发展需求，取而代之的是面向社会的开放式自主办学。因此，作为高校教育的重要组成部分，高校体育产业必将走出高校的大门，迈向社会这个更为广阔的舞台。

高校体育产业要发挥其产业效益就必须与市场产业相结合，走产业化发展的道路，同时还要有完善的运行及管理机制使其功能和优势得到最大限度的发挥，从而实现其产业效益。此外，高校体育产业管理有利于充分开发和利用高校优秀的体育资源，进而使其产业效益得到最大限度的发挥。众所周知，高校拥有丰富而优秀的体育资源，如现代化的体育场馆、丰富的体育器材和优秀的体育教学及训练人才等，这些都是高校体育所独有的资源优势。高校体育产业管理有利于对这些资源进行科学、合理的运营管理及统筹，使这些体育资源不再闲置和浪费，而是充分利用起来，使其实现价值最大化。如高校体育产业管理者可以利用高校体育的师资力量优势，面向体育市场提供优质的有偿服务，如为社会人士提供短期或长期的培训指导、体育咨询、科学研究、裁判竞赛等服务。

由此可见，高校体育产业管理不仅为高校体育产业的发展提供了行之有效的运营管理机制，而且便于对高校丰富的体育资源充分地开发和利用，使高校体育在迈向市场化的进程中充分发挥其产业效益。

（二）有利于高校体育的产业化发展

高校体育的产业化是高校体育产业走出校门与市场产业融合过程中产生的必然结果，它是在保证社会效益的前提下，以产业化为发展方向，通过不断改革和完善自身的体制与运行机制来逐步适应市场产业并进入市场的过程。

在新的历史时期，无论是社会的转型、产业的改革还是教育的发展都必然面临着挑战，高校体育产业作为一种新兴的朝阳产业，不仅与这些社会的变革有极为密切的联系，而且其自身的发展对于社会产业、高校教育也有重要的影响。

因此，及时建立和完善高校体育产业管理，对于高校体育产业的发展有重要的作用。首先，高校体育产业管理为高校体育产业的发展提供了科学、系统的运行管理机制，使体育产业的发展有了科学、系统的指导；其次，高校体育产业管理为高校体育产业提供了良好的发展空间和环境，使其能够在科学的统筹规划中朝着正确的方向发展；最后，高校体育产业管理为高校体育的产业化发展提供了科学的管理依据，避免了管理混乱、组织结构不明确的问题。

（三）有利于解决高校办学资金的问题

实施高校体育产业管理不仅是高校体育产业高速发展的前提，也将高校体育与产业发展紧密地结合了起来，既符合现代体育发展的需要，又很好地建立了高校体育经费的补偿机制，促进了高校体育事业与产业发展的良性循环，有效地解决了高校办学资金的问题。

高校体育产业管理促进了高校体育产业的发展，同时为高校体育教学的可持续发展提供了良好的资金基础，有效地解决了高校所面临的资金困难等问题，同时改进了办学条件。因此，高校体育产业管理通过高校体育产业所发挥的巨大产业效益实现了高校体育的产业功能，为高校体育的发展提供了充足的资金，极大程度地解决了高校办学资金的问题。

高校体育产业管理是指高校体育产业管理者为实现既定目标对高校体育产业活动进行

的一系列计划、组织、协调、监督等活动。简单来说，就是高校体育经济管理者对高校体育产业活动的管理。

二、高校体育产业管理的分类

（一）高校体育资金管理

高校体育产业活动离不开资金的大量流动及周转，在这个过程中需要对资金进行科学、合理的统筹规划及管理，因此资金管理是高校体育产业管理的重中之重。

高校体育产业管理的主要任务是高校体育产业管理者要严格监督体育产业活动的各项财务情况，利用财务专业知识对各项活动的资金管理进行有效的协助；同时，还要保障资金在法律规范允许内活动，保障高校投入资金的安全回收并与支配各项体育活动资金的财务管理人员进行及时的协调沟通，以保证资金的正常运转。

此外，在具体的高校体育产业管理中要注意以下两点：

其一，要加强高校体育产业的财务管理，这要求管理者依据市场规律和体育活动规律构建符合高校体育市场实际情况的资金管理体系。在资金管理体系的具体构建中，不仅要考虑高校体育市场的实际情况，还要认识到高校体育市场未来的发展趋势，把握其正确的发展方向，使得构建出的资金管理体系既符合当下的需要，又具有前瞻性和开放性，以适应高校体育产业的不断发展，保障资金有序、高效、科学地运作。

其二，要增强高校体育产业的产业活力。在具体的高校体育产业活动中，高校体育市场的健康运作不仅受到日常财务管理的制约，而且受到高校本身的政治、产业、文化环境及管理人员的专业素质等多种因素的影响。在具体的运作中，管理人员要深刻认识到市场规律对高校体育产业的支配、调节作用，运用专业的产业学知识合理地进行高校体育的资金运作，最大限度地发挥其产业活力。

由此可见，高校体育产业活动的正常运行离不开资金的合理化运作，而资金的合理化运作则需要科学的资金管理。因此，高校体育资金管理对于高校体育经济的健康发展有着重要的意义。

（二）高校体育服务管理

在高校体育市场中，不仅有有形的体育产品还有无形的体育产品，如随着人们生活水平的提高、消费需求的多样化发展以及高校体育市场的不断开放，高校体育服务在体育市场中所占的比重越来越大，这需要管理者对其进行科学的管理。

高校体育服务管理涉及多方面的内容，如利用高校优秀的体育人才资源为社会提供体育培训、训练指导等有偿服务，通过开放高校现代化的体育设施为社会提供场地的租赁服务等。在高校体育服务管理中，服务人员要树立为消费者服务的理念，以消费者为中心，不断提升自身的服务质量。同时，高校还要不断健全自身的服务管理体系，使高校体育服务管理有一套科学、合理的系统，以适应高校体育产业发展的需要。

（三）高校体育竞赛管理

随着体育产业的快速发展，人们对于体育消费的需求不断提高，其中体育竞赛的消费需求在各种体育消费需求中所占的比重越来越大。作为体育竞赛的主阵地，高校体育市场不仅拥有大量专业的体育人才，而且拥有现代化的体育设施，这为高校体育竞赛在体育市场中的快速发展提供了有利条件。

高校体育竞赛的繁荣促进了高校体育产业的发展，为高校体育产业注入了新的活力。随着高校体育竞赛的不断扩大，对其进行科学的管理显得十分必要。

高校举行各种体育竞赛必然要面临成本问题，而要满足高校体育竞赛的需求仅仅依靠高校单方面的投入是远远不够的，这需要对高校体育竞赛进行合理的规划和统筹。在市场条件下，有需求就有商机，需求就是可利用的产业原动力。因此，在对高校体育竞赛进行管理的过程中，既要充分认识到需求的作用，同时要注意管理的程序及内容。

首先，要进行竞赛成本预算编报。竞赛成本预算编报可使管理者对于竞赛的成本进行合理的估算，同时也是申请费用与执行开支的依据，使竞赛成本明细化，便于成本的管理。其具体内容主要有布置竞赛场地费用、器材设施费用、宣传费、奖品费、裁判工作人员费以及组织接待、管理费用等，在对这些费用进行预算时要充分调查、研究各项费用的标准，尽量做到科学、合理地预算。

其次，要对竞赛成本预算编报进行严格的财务审核。在竞赛成本预算编报上交后，要由具备专业知识的财务人员对其进行严格的审核，及时发现不合理的地方以便进行修改。在审核过程中，财务人员不仅要充分考虑到竞赛成本的各项支出费用，还要考虑到突发情况下应急费用的支出以保障体育竞赛的顺利进行。

（四）高校体育场馆管理

高校体育场馆是高校丰富的体育资源之一，对其进行合理的开发和利用不仅可以解决高校体育资源大量闲置、浪费的问题，而且可以发挥其最大产业价值，开拓高校体育市场，促进高校体育产业的增长。因此，在高校体育市场化运作的今天，对高校体育场馆进行科学的管理显得尤为重要。

随着高校体育产业市场化程度的进一步加深，高校体育场馆开始进入市场化运作，其运营管理的状况不仅会直接影响着高校体育产业的增长，而且与高校体育教学的发展有着密切的关系。因此，在进行高校体育场馆管理工作时要注意以下两点：

其一，要合理解决高校体育教学与高校体育产业发展之间的矛盾，实现两者的共赢。这要求高校体育场馆在进入市场化运作时要在不影响高校体育教学任务正常开展的前提下进行。高校体育产业管理者要提高这一方面的认识，要以满足高校体育教学任务为基点对高校体育场馆进行市场化运作，在满足体育教学任务的前提下再考虑体育场馆的创收问题。因此，管理者要与高校体育教学部门进行及时有效的沟通协调，安排好体育场馆对外开放的时间，避免与体育教学冲突。

其二，高校体育场馆的有偿服务应主要面向社会人群，通过向社会提供有偿服务实现高校体育的创收。同时还可以提高学校的社会形象，增强学校与社会的联系，吸引更多的体育爱好者，促进全民健康的蓬勃发展。

总而言之，在高校体育场馆的管理工作中，不仅要对高校体育场馆进行合理地开发和利用，避免资源的闲置和浪费，充分发挥其资源优势以实现产业效益的最大化，而且要有效解决高校体育教学与高校体育产业发展之间的矛盾，将体育场馆的有偿消费人群锁定在社会人士的范围之内，以实现产业的创收，进而促进高校体育产业的增长。

第三章 高校体育资源与产业融合发展

第一节 高校体育资源市场化

一、当代体育经济市场化背景

我国的体育经济行业近年来表现出较快的发展趋势,随着科学技术的进步和生产的现代化以及人们生活水平的不断提高,体育活动逐渐成为人们生活的重要组成部分。体育服务作为第三产业走向市场,也逐渐进入社会主义市场经济的轨道。

(一)我国体育市场的形成

1978年后,我国的体育事业进入快速的发展阶段,并且形成了一定的市场规模。同时,对体育的改革也在不断实施,国家颁布相关的政策法规,要求各体育事业单位应充分利用现有的资源,在积极完成体育任务和有利于体育事业发展的前提下,积极地鼓励群众进行体育消费,开发各项体育项目,合理组织体育活动,以促进体育的发展。在政策的支持下,体育事业的发展取得了不小的成就,摆脱了传统体育事业要等到国家拨款才能发展的局面,使人们树立了市场运作的观念,也确立了通过市场经营来促进体育事业生存和发展的新思想体系,为进一步开拓体育市场奠定了良好的思想基础。

(二) 我国体育市场的发展

随着我国经济的快速发展，市场经济体制的不断完善，体育经济也得到了进一步的发展。为了适应当前市场经济体制，我国体育有关部门对体育事业的各个方面都进行了全面的改革。改变了过去依靠国家和行政手段发展体育事业的体制，建立了与社会主义市场经济体制相适应，符合现代体育事业发展规律，国家能够调控，依托社会市场，有自我发展活力的体育事业及其运行体制，形成国家办和社会办相结合、分散与集中相结合的格局。体育产业在全国范围内正逐步兴起，加快了我国体育商品经济的发展，极大地促进了体育市场的繁荣。体育产业市场化是我国体育改革的发展方向，是社会和国家共同兴办体育事业格局下新的体育产业发展机制。体育市场的发展主要表现在以下几个方面。

随着市场经济的不断发展，我国正在对体育进行深入的改革，首先体现在管理上，我国对体育的管理由过去的直接管理逐渐向间接管理转变。在全民健身的情况下，由过去国家体育相关部门组织引导逐渐向群众自发地进行体育锻炼和体育消费转变。这正说明我国的体育市场经济正在不断发展，并且呈现出良好的发展趋势。

在体育竞技方面，我国取得了举世瞩目的成就，在历届奥运会的竞赛项目上数次夺冠，表明我国的体育实力正在不断地增强。就体育竞技方面的投入而言，过去都是由国家财政拨款支持，财政收入的高低、政府拨款的多少直接影响了我国竞技体育的发展。现在，我国的竞技体育多以俱乐部的形式出现，引入市场机制，以市场经营为主来维持竞技体育的发展，国家体育相关部门只是进行间接的调控和管理，这标志着我国竞技体育市场经营运作模式已初步形成，极大地促进了我国体育经济的发展，并且为高校体育市场化的发展提供了经验。

随着社会的不断发展，人们对生活质量的要求逐步提高，同时，人们对体育的观注度也有所提升，使得对体育的需求越来越多。因此，我们可以看出各种与体育相关的，如比赛的门票收入、各种体育娱乐健身房的经营收入等都呈现明显的上升趋势，而且受到人们越来越多的重视。

在市场经济环境下，高校体育的发展方式要打破传统，跳出原来的思维模式，根据市场经济的发展规律和体育运动发展的特征及规律，利用高校庞大的资源优势，借助市场经济体制，最大限度地促进高校体育的发展。高校体育要积极地参与到市场经济活动中，这是高校体育走向市场化的必由之路。高校拥有很多无形的体育资源，由于高校以教学为主要目的，这些资源没有很好地被开发，使得这些资源没有转化为经济效益。

高校以育人为目的，高校体育在高校教育中占有重要的地位，高校体育教学主要的目的是增强学生的身体素质，同其他课程相结合，共同促进学生的全面发展。因此，当前我国的高校体育建设只依靠政府的资金拨款完成是深受局限的，高校体育必须根据自身的特点，自力更生，自谋发展。因此，高校体育的市场化是非常必要的，高校体育面向市场有三个方面的作用：

第一，高校体育面向市场，能够进一步解决我国高校教育面临的深层次问题，也有助于我国教育的进一步改革，同时有利于加快我国社会主义市场经济的发展和市场经济体制的完善。

第二，高校体育面向市场，有助于帮助高校体育经营实现合理的资源配置和使用，实现高校体育经济的快速发展。

第三，高校体育面向市场，有助于高校体育发挥其自身的优势和功能，能够给高校带来经济效益，弥补经费不足的问题，并且使得高校建设快速地发展，同时为社会大众解决对体育消费的需求，也有利于人们提高身体健康水平。

二、当代市场经济环境下的体育消费

(一)体育消费

1. 体育消费的概念

在市场经济环境下，体育消费主要指人们用于体育活动以及体育方面的消费。主要包括用于购买体育器材、体育书刊等一些实物型的消费支出；还包括观看体育比赛、展览以及各种体育活动、健身俱乐部等参与型消费支出。随着人们对身体健康的重视，体育消费已成为人们日常生活消费的重要组成部分，主要是体育消费者在体育活动方面的个人支出。

根据体育消费的定义又可将其分为广义的体育消费和狭义的体育消费。广义的体育消费主要指消费者通过支付的方式直接或间接地产生与体育相关的一切消费行为，消费者通过支付购买获得一定的价值和使用价值。比如消费者在网上买体育用品，需要支付的邮费；消费者为了去观看比赛而要支付的路费等。狭义的体育消费主要指直接从事体育活动的个人消费行为。比如，为自己购买健身器材、参加健身活动等所要支付的费用。

高校大学生是一个庞大的消费群体，大学生在体育方面的消费，也是推动高校体育经济发展的一个重要原因，大学生的体育消费必将成为未来体育消费的主流。因此，大学生的体育消费会影响社会大众的消费方向，也将直接影响体育产业化和市场化的进程。

2. 体育消费的分类

在市场经济环境下，根据体育消费的概念，体育消费有很多种分类，通过对体育消费的种类进行了解，可以有效而及时地掌握体育消费市场的情况，从而促进高校体育经济的发展。

(1) 服务型体育消费。服务型体育消费是由体育产业部门提供的以流动形态存在的体育消费资料，它是以一定的服务方式或活动满足消费者的体育消费需求。如各种健康咨询、体育表演、体育比赛等。

(2) 参与型体育消费。体育消费参与型是指人们用货币购买各种和体育活动有关的体育服务的消费行为，如参加各种体育活动、健美训练、健康咨询等所支付的各项费用。一般来说，参与型体育消费者在其参与过程中直接消费了有关部门所提供的各种体育服务消费资料。因此，对参与型体育消费者而言，其参与过程就是消费过程。

(3) 实物型体育消费。体育消费实物型是指人们用货币购买各种和体育活动有关的体育实物的消费行为，如购买运动器材、运动服装、运动饮料以及各种体育报纸、杂志、图书、画册等。这种实物型体育消费者分为两部分：一部分是为了直接参与各种体育活动而购买各种体育运动器材、运动服装等体育实物消费资料；另一部分则是为了了解体育的动态，并订阅各种体育报纸杂志，也有的是为了显示对体育的偏爱而购买各种体育实物消费资料。这部分人一般不直接参与体育活动，但也属于体育消费者。

(4) 观赏型体育消费。体育消费观赏型主要是指人们通过购买各种体育比赛的门票以及其他体育活动的入场券，通过观赏的方式达到视觉上的满足。比如，现场观看各种比赛以及各种与体育有关的影视录像和展览等。

在市场经济环境下，人们现实的消费行为方式有很多种类型，这些体育消费的类型往往交织在一起，很难区分开。但是在一定的特殊情况下，从某一种特定的角度划分，还是可以把体育消费分为很多类型的。

3. 体育消费的特征

在市场经济环境下，体育消费者呈现多样化的体育消费需求，从现在的市场情况来看，大致可以把体育消费者的需求分为以下三类：

(1)稳定型。指体育消费者已经长期养成体育消费的习惯，也就是说家庭的日常开支中，体育消费占有一定的比重，不受其他消费因素的影响。

(2)规律型。指体育消费者还没有养成日常体育锻炼的习惯，但是从长时间看，体育消费者能够保持一定的体育消费的规律。

(3)随意型。指体育消费者还没有养成习惯，形成规律，大多数体育消费者根据自己的需求，有需求随时买，多根据自己的心情和喜爱消费，所以存在很大的随意性。

体育产品有其自身特点，它不像食物类产品那样属于生存消费，从人类对生存的消费需要的紧迫程度来看，体育消费是可有可无的，人们对于体育消费的需求远远不如能够维持他们生存消费的食品那样必不可少，也不如医疗卫生、教育消费等那样迫切，所以，体育消费的需求性比较弱。

体育消费产品只有满足了人们身体健康和享受的需要，才能体现出它的使用价值。因此，当社会体育消费者与提供者双方通过体育产品或服务相结合时，就实现了劳动交换，通过交换才会显示出其商品性的特征。对于体育消费品的效益，不能完全用金钱来衡量，有的体育消费品的价值主要体现在社会价值和经济价值两方面的质量及人们需要的满足程度上，用金钱是衡量不出来的。

4. 体育消费的作用

身体健康一般通过体育锻炼才能够获得，所以体育消费作为一种对健康的投资行为，必然能给体育消费者带来一定的消费效益。因此，体育消费的效益是指人们购买一定的体育实物消费资料并且通过使用它而实际得到的体育消费需求的满足程度。体育消费的效益主要从两个方面考察：经济效益的角度与社会效益的角度。在很多场合，体育消费的经济效益和社会效益是相互联系的，很难把两者区分开来，因此通常把它归结为社会经济效益。同时，体育消费的效益和体育产品本身的功能及作用也存在一定的联系，但是又有所不同。体育消费的社会经济效益主要有以下几方面。

体育消费有利于增强人们的身体劳动素质和智力的开发，防止人们在工作中发生各种疾病，并提高人们的工作效率，从而提高整个社会的劳动生产率。

体育消费有利于推动体育馆设施向社会开放，促进体育馆的发展，并能够给体育馆带来经济收入，从而可以提高体育馆的使用效率和社会效益，不至于体育馆资源闲置、浪费。

体育消费有利于满足人们精神和心理等方面的需求，可以陶冶人的情操，激发人们的进取精神和拼搏精神，并能够培养人们的竞争意识和团队合作精神，从而促进人的全面发展。

体育消费有利于增强人们的体育意识，提高整个社会的体育运动水平和人们参加体育运动的积极性，从而增加我国的体育锻炼人数，推动我国群众性体育运动的快速发展，并且能够加快我国体育社会化的进程和全民健身战略的实施。

体育消费有利于我国社会主义精神文明建设，能够激发人们的爱国主义情怀，增强人们的民族自信心和自豪感，也能够增强振兴中华的决心和信心，从而推动我国社会主义建设稳步向前发展，加速我国社会主义精神文明和物质文明建设的进程。

(二)体育消费水平

1. 体育消费水平的概念

体育消费水平是指按照人均体育实物消费资料及体育服务消费资料统计的消费数量，可以用货币单位表示。体育消费的水平主要表现了一定时期内人们对体育消费品的实际需要程度，简单地说就是反映了人们实际的体育消费品数量的多少和质量的高低。一般情况下，人们体育消费水平的高低能直接反映出一定时期内社会生产力和社会经济的发展程度，也反映出一定时期里人们对于体育消费观念的增强状况，同时反映了社会经济文化建设的发展状况。

根据体育消费水平的概念可以看出，体育消费水平越高，体育消费在日常生活消费中所占的比重越大。因此，可以通过对体育消费水平的研究，了解不同层次的体育消费需求以及体育消费的状况。因此，体育市场的开发应根据体育消费水平的不同，适时地开发并生产不同类型、不同价格的体育消费品，才能满足不同层次的体育消费需求。

2. 体育消费水平的衡量标准

体育消费价值总量是一个综合性的衡量指标，它是指消费者在一定时期内用于体育消费方面开支的货币总量，它反映了一定时期内整个社会体育消费水平的高低。

体育实物消费资料的消费总量，主要是指在一定的时期里社会所生产的用于体育实物消费资料中已经被体育消费者购买的那部分体育消费资料总量。通常有以下两种表示方法：

第一，用体育消费者消费掉的那部分体育资料的产品数量表示。也就是已经被体育消费者购买并且正在使用的体育实物消费资料的总数量。

第二，是用价值单位来表示。由于平常体育消费者所购买的体育实物消费资料在它的物理性、形态、价值量等属性上的不同，难以对其做出正确的评价计算。因此，对于计算体育实物消费资料的消费总量都是以货币单位表示的。

体育实物消费资料的消费总量指标，一方面反映了一定时期内与体育消费产品有关的产业生产供给情况；另一方面反映了社会体育消费者对体育实物消费资料的有效需求状况。

体育服务消费资料的消费总量，是指在一定时期里社会所提供的体育服务消费资料中已被体育消费者所购买的那部分价值量。在我国社会主义市场经济条件下，体育服务消费的资料越来越多地以商品的形式出现，因此这种体育服务消费资料的消费数量可以用货币单位表示。通常情况下，这一指标能大体反映出社会体育服务消费资料的市场供需状况，同时也能够反映体育产业部门的生产状况及大众体育的普及程度。

闲暇时间体育消费的时间总量，是指除了正常的日常工作、满足基本生理需要、必要的家务劳动以及照料和教育后代等时间之外，可供个人自由支配的，用于休息、娱乐、交际等活动的时间。社会所拥有的闲暇时间总量归根结底取决于社会生产力的发展水平。一般来说，社会科学技术的进步、生产力的发展和人们闲暇时间的增加是成一定比例的。人们有了一定的闲暇时间，才能参加体育锻炼活动，时间是参加体育活动的前提，也是人们参与体育消费的重要条件。因此，闲暇时间里用于体育消费的时间总量是衡量社会体育消费水平的重要标志。

第二节　高校体育馆资源的产业管理

一、高校体育场馆开放的时代需求

（一）高校体育馆产业发展的需求

随着我国经济的快速发展，人们的生活水平不断提高，对生活质量的追求体现在对健康体魄和对精神愉悦的追求上，并且人们对身体健康也越来越重视。因此，越来越多的人积极地投入体育锻炼的活动中。体育场馆(或称体育馆)作为全民健身活动和体育事业发展的基本场所之一,为大众体育事业的发展提供了重要的资源基础,体育馆发展水平的高低会影响我国全民健身活动的实施和我国体育事业的发展。当前,随着人们对体育的重视,参加锻炼的人数越来越多。这使得我国体育社会化发展的主要矛盾是社会性体育运动场所设施的不足与广大人民群众日益增长的体育需求之间的矛盾,矛盾的主要方面在于人民群众缺乏进行体育活动的体育场所,这是影响我国全民健身运动发展的主要因素之一。

高校体育馆对外开放,是解决当前我国社会体育资源短缺,满足社会体育消费者需求的重大举措。高校体育馆的开放使得体育消费者的体育场所种类及数量均有所增加。面向社会体育消费者开放高校体育馆,有利于全民健身运动的开展,高校大学生的健身行为也给社会体育消费者带来了全新的体育健身消费观念,积极地促进了社会大众体育消费者的消费行为,同时有利于高校体育建设的发展,使其走向社会,摆脱以前的封闭式发展。高校体育馆对社会的开放,使得高校体育馆的管理模式更加地能顺应社会,并且获得了更好的发展机遇。当前,在人们对体育锻炼越来越重视且社会体育公共资源数量很有限的情况下,把高校丰富的体育馆资源,利用闲暇时间向社会开放,对于广大的体育消费者来说,不仅能够满足其对体育消费的需求,也可实现高校体育馆对体育资源的有效配置与充分利用,同时提高了国有资产的投资效益,是我国建立现代教育观念、改革体育体制的重要手段。

(二)体育消费者的需求

体育消费需求是指一定时期内人们对各种体育消费资料的需求状况。体育消费需求是人们在满足基本的生存消费需求之后,用于追求发展和享受方面的消费需求。体育消费需求是一个变量,从发展趋势来看,体育消费需求逐步上升且不断增长。体育馆的需求不断增长的原因有以下几点:

(1)我国社会经济的发展,人们对身体健康的重视程度加深,使得人们对体育场所的需求大量增加。

(2)我国政府扩大内需,积极鼓励体育消费者进行消费的政策相继出台,增加了体育消费者对体育馆的需求。

(3)体育消费者需求,作为较高层次的发展消费需求和精神消费需求,随着人们收入水平的提高,对体育馆的需求有所增加。

(4)我国体育产业的发展和体育市场的发展,让体育消费者迅速增加,并且扩大了体育消费者对体育场馆的需求。

(5)人们生活水平的提高,生活方式的改变,极大地增加了体育消费者对体育场馆的需求。

(6)我国全民健身计划的实施和健康观念深入人心,推动了体育消费者对体育场馆的需求。

(三)社会体育事业发展与高校体育产业发展的关系

1. 体育事业的发展促使高校体育馆向社会开放

体育事业发展的好坏,关系到整体国民身体素质的高低。因此,国家和政府对体育事业的发展给予了高度重视,并且对体育事业做出了重要的指示:"我们的体育事业一定要为人民服务"和"发展体育运动,增强人民体质"等相关指示。随着经济的发展,人们对身体健康倍加重视,国家确立了体育方针、体育管理体制等相关体育发展政策,积极地开展高校体育运动、群众体育运动等相关活动,这都体现了党和政府对"体育为人民服务"这一体育思想的贯彻和落实,极大地促进了我国体育事业的发展。

21世纪以来,我国完善了现代国民教育体系、科技和文化创新体系、全民健身和医疗卫生体系,将其作为全面建成小康社会的重要目标,并把全民健身体系作为全面实现和谐社会的目标之一,也将其作为评价国家政治制度优劣和经济基础、社会文明等发达程度的一个重要标志。

总之,不论是"体育为人民服务",还是"全民健身计划",乃至构建社会主义和谐社会要求的"建立完善的全民健身体系"等,都充分体现了体育事业的重要性。发展体育事业不仅是人们的需要,也是国家建设社会主义的重要任务。

2. 学校体育资源闲置和体育社会需求不足问题突出

随着人们对身体健康的重视程度加深,越来越多的人开始参加体育锻炼,出现了社会公共体育资源供不应求的现象。同时,我国高校众多,拥有丰富的体育资源,但没有被充分利用起来,这阻碍了我国体育事业的发展。

高校体育馆的基本职能是为教学服务,主要是服务于广大师生从事体育教学、训练、比赛以及课外活动等。高校体育馆是高校体育教学设施的重要组成部分,在高校的长远建设和发展过程中占据重要的地位。高校体育馆对外开放的前提是:在保证高校正常的体育教学和活动的情况下，为解决社会体育资源短缺，把课外或者是节假日等一些闲散的时间和资源利用起来，以有偿或者是无偿的形式向社会大众开放，为他们提供体育锻炼的场地和各项体育服务，以满足社会体育消费者的体育锻炼需求。

随着人们体育锻炼的需求越来越大，在现有体育场地远远不能满足大众体育消费者健身需求的情况下，适时、合理地向社会开放高校体育场馆，不仅能够改善社会体育资源供不应求的现状，也能促进高校体育的发展，并且能够解决长久以来高校建设需要建设资金的问题。因此，高校体育馆对外开放是解决我国社会体育资源不足的一个重要措施。

3. 高校丰富的体育资源为开放提供了物质基础

高校拥有丰富的人才资源，高校的体育教学有多年积累的经验，形成了一整套比较完整的体育教学、训练和组织的方法体系。同时，高校体育教师都具有丰富的体育基本理论知识和体育训练的实践运动能力。此外，对于国家的体育方针政策、体育发展动态和体育赛事等信息，高校的体育部门、体育社团及相关的宣传部门能够及时获得，并且可以通过课堂教学、学术讲座等各种途径及时进行宣传和报道。

总之，高校体育在场馆设施、人力和信息等方面的资源优势，不仅为高校体育馆向社会开放提供了重要的物质基础，而且保证了服务内容的广泛性。

4. 充足的开放时长，为社会活动提供了时间保证

高校体育馆拥有充足的闲暇时间，这为高校体育馆向社会开放提供了充足的时间保证。高校每年都有3个月的假期，在这3个月的时间里，学校的教学活动停止，大部分学生离开学校，使体育馆设施处于闲置的状态。除了这3个月比较长的时间外，在正常教学期间，也有很多课余时间，例如双休日、五一、十一等小长假，这些闲暇时间为社会活动提供充足的时间保证。

5. 社会体育资源匮乏，为高校体育馆开放提供了市场需求

由于健康的观念深入人心，参加体育运动的体育消费者越来越多，社会公共体育设施已无法满足体育消费者的需求。体育消费者纷纷把运动的场地转移到高校中，这为高校体育馆向社会开放提供了充足的市场需求。

6. 各级政府的相关政策为高校体育馆开放提供了依据

在我国，对于高校对外开放的一些政策法规也相继出台，其中明确规定"高校及其他教育机构在保证教学活动能够顺利完成的情况下，应当积极地去参加当地的社会公益活

动,公共体育设施应当向社会开放,方便群众开展体育活动"。同时,我国相继出台的相关公共文化体育设施条例中也对高校体育场地向社会开放提出了相应的要求。因此,从这些法律法规中可以看出,高校体育馆设施对社会体育消费者开放,既是社会体育消费者的要求,也是国家、法律赋予的责任。

7. 高校师生的支持为体育馆的开放提供了思想保障

高校最主要的活动群体是广大师生,高校体育资源向社会开放不仅由高校的体育资源状况、社会对体育资源的需求和各级政府相关的政策法规决定,而且取决于学校广大师生群体对高校体育馆开放的认识和态度。随着市场经济的发展,高校自身的建设与市场经济息息相关的观念被广大师生所接受,同时高校的广大师生对社会服务的职能也有了进一步的深刻认识和理解,对高校体育馆对外开放的态度也更加积极。因此,高校的一些领导、教师和学生对高校体育馆向社会开放表示支持。

高校体育场馆对外开放,才会有师生加入并参与其中,才能为高校体育场馆给学生提供有偿服务创造机会。由此说来,体育场馆的对外开放,间接地成为体育场馆有偿服务的前提。

(四)高校体育场馆有偿开放的优势

1. 市场优势

随着我国经济的快速发展,人们的生活水平不断地提高,生活方式也发生了重大变化,健康观念逐渐深入人心,从过去人们不注意身体健康,到现在人们纷纷开始参加体育活动,以保证拥有良好的身体健康。高校是一个非常庞大的公共事业单位,不管是在人数上,还是在资源上都有很大的优势。随着人们对健康的关注,大量的社会体育消费者积极投入体育运动中,导致社会公共体育馆供不应求。因此,他们把目光转向高校体育馆,这给高校体育馆的对外开放提供了可能。

2. 资源优势

高校体育馆相对于社会公共体育馆具有优势,高校体育馆的面积大、体育场馆内设施齐全、健身条件优越,高校体育馆大多为综合性的体育馆,能够满足体育消费者各方面的体育需求。过去,高校体育馆的主要任务是完成对学生的教学任务,在教学任务完成以后,高校体育馆通常会闲置,没有得到再利用。随着经济的不断发展,人们对身体健康的重视以及市场经济制度的建立,为高校体育场馆对外开放提供了良好的机遇。通过对外开放，不仅可以很好地利用高校的体育人才和完善的体育设施，还能解决高校的建设经费问题，同时能有效地推动体育消费者健身活动的开展。

二、高校体育场馆资源的运作与管理

健全的管理理念能够促使一个企业健康发展，同样高校体育场馆要想在市场中取得一定的经济效益，没有适合高校体育场馆自身的发展理念是不行的，也很难在市场经济中立足。高校体育场馆管理理念主要是指对体育场馆在市场运作过程中进行的思想指导，也是体育场馆在运作中处理各种问题的准则。管理理念是体育场馆运作的基础，是体育场馆发展的方向盘，最重要的目的是通过高校体育场馆从市场中获取经济效益。同时，高校体育场馆管理理念也有利于正确处理与消费者、竞争对手及社会之间的关系，它影响着高校体育场馆发展的兴衰。

(一) 高校体育场馆的经营理念

高校体育场馆要想在市场中获得较好的经济效益，只有管理理念是不行的，还要有相应的市场营销理念与之配合，才能发挥整体作用，促进高校体育场馆的长期发展。高校体育场馆在走向市场化运作的过程中，应该像市场中的企业一样树立优秀的营销理念，以获得更好的经济效益。因此，高校体育场馆的经营理念主要从以下几方面进行。

1. 以人为本的经营理念

在市场经济中，企业要把消费者的利益放在第一位。如果没有消费者的需求，企业很难发展，所以满足消费者的利益，才能给企业带来更好的经济效益。对高校体育场馆而言，主要体现在两个方面：一方面，要满足体育消费者对服务的需求；另一方面，体育场馆在有偿开放过程中，不管是项目方面，还是价格方面，都能够满足消费者的消费习惯以及经济承受能力。

因此，高校体育场馆的相关负责职员应及时地去了解体育消费者的需求以及消费者的特点。高校体育场馆要按照消费者的需求进行体育经营活动，并在此基础上制定合理有效的管理政策和经营方针。高校体育场馆不同于社会大众体育场馆，在进行对外活动时，要切实考虑活动对学生的影响，不能为了发展学校经济而忽视了正常教学的进行。

2. 树立经济盈利的理念

高校体育场馆要想获得长期的发展，只依靠教育经费是不够的。根据对多所高校经费的调查显示，每年国家拨款给学校的经费，分摊到体育场馆方面的并不多。因此，在市场经济环境下，高校体育场馆更要树立经济盈利的观念。过去，高校体育场馆被定义为服务于社会的公共场所，只注重社会的效益，对自身的经济效益关注得很少，这阻碍了高校体育场馆在市场经济环境下的长远发展，也进一步影响了高校的发展。高校属于公共事业单位，要建设就必须要有经费，国家不可能照顾到方方面面，所以高校体育场馆进入市场运作，不仅可以促进自身的发展，也能够给高校带来经济效益。因此，高校体育场馆在树立经济盈利观念的同时，也要满足消费者的需求，做到高校体育场馆和消费者的双赢。

3. 树立市场营销的理念

市场营销理念通常被定义为"以市场为出发点，以消费者为中心"的经营观念。市场营销理念具有以下几个特点：

(1) 以体育消费者的需求为中心，实行目标市场营销。

(2) 多重的市场营销相结合，不断满足体育消费者的需求。

(3) 树立整体产品概念，积极地研发新的体育产品，满足体育消费者的整体需求。

(4) 通过满足消费者需求而实现企业获取利润的目标。

(5) 市场营销部门成为指挥和协调企业整个生产经营活动的中心。

因此，高校体育场馆要树立市场营销观念，把握市场环境。树立市场营销观念是要高校体育场馆有为消费者全心全意服务的思想，为消费者提供良好的服务。只有让消费者满意了，才能引来更多消费者消费，从而获得经济效益。

4. 高校体育场馆要树立全局观念

市场经济的基本特征是竞争，有竞争才有发展，在竞争中发展，这条客观规律一直存在。在市场经济条件下，企业从各自的利益出发，为了获得更多的资源进行相互间的竞争，通过竞争，实现企业的优胜劣汰，进一步实现市场资源的优化配置。全局观念，是要有大局意识。现代高校体育场馆的战略目标和方向的确定，在很大程度上影响着高校体育场馆的生存与发展。因此，高校体育场馆要想在市场经济中取得长远发展，其工作人员要树立全局的意识观念，遵从市场的发展规律，积极地面对竞争，在竞争中发现自己的缺陷，从而调整为适合市场、适合自身发展的营销战略。

5. 高校体育场馆要有创新的意识

创新关系到一个民族乃至整个国家未来生存的发展，一个没有创新的国家是没有前进动力的。创新不仅影响着大局，也关乎社会的方方面面。高校体育场馆的发展需要创新，高校体育场馆进入市场，就要摒弃原有的管理理念，创新管理理念，以适应市场发展的需要。高校体育场馆的创新不能局限于某一方面，应进行全方位的革新。当然革新并不是完全摒弃原有的，而是要在此基础上创新。高校体育场馆的创新涉及许多方面，比如管理意识创新、体育场馆的项目创新、市场营销的创新等。

（二）高校体育场馆管理的目标和任务

高校体育场馆管理的目标和任务是体育场馆进行一切经营活动的依据，高校体育馆的经营管理活动由经营管理的目标和任务决定。有了目标和任务才能进行经营活动，没有目标和任务的经营活动不能给高校体育场馆带来经济效益。因此，在对高校体育场馆的管理中，要重视设立体育场馆的目标和任务，为高校体育场馆的发展做好准备。

1. 高校体育馆经营管理的目标

通过对过去体育馆的消费和现在体育馆消费的对比，反映出人们对体育活动的兴趣不断地增强。因此，高校体育馆要抓住这一契机，在现有条件下，改变过去观念，扩大思路，另辟蹊径，提供系统的、全面的体育活动，不断满足消费者对体育活动的需求。

当前，我国高校建设发展的资金主要来源于国家的拨款。由于我国人口众多，高校数量庞大，而国家对教育的经费支持又有限度，不可能照顾到每所高校。受经济因素制约，各个高校的体育建设资金匮乏，影响高校长期发展。一些早期的体育基础设施难以满足正常教学的活动，同时影响了高校大学生的身体健康。高校体育要想在市场中获得消费者群体，只依靠国家的教育经费解决高校体育设施建设问题显然是不现实的。

高校建设要转变发展理念，改变过去的发展模式，变被动为主动，积极引进先进的管理理念和发展模式，在一定程度上不仅减轻了国家的财政负担，也很好地补充了高校体育经费。

随着经济的不断发展，人们对身体健康的重视程度也不断加强，体育场馆逐渐地被利用起来。高校体育馆在保证体育教学的需要之外，也开始对社会开放，并采取少量收费的方法弥补了高校体育建设经费不足的问题，在很大程度上提高了高校体育资源的利用率，满足了人们对体育消费的需求。随着高校体育场馆的开放，凸显出来的问题越来越多，如高校的体育馆没有专门的管理人员，管理的观念相对较为落后。如果不解决这些问题，虽然资源会被利用起来，但这些因素仍制约着高校的体育发展。所以高校对体育馆可采用企业化的管理模式，高校体育馆在所有权归学校的前提下，可以成立体育馆管理中心，把学校的体育馆交由其经营管理。这样，高校不仅能够全身心地投入体育教学中，也能使高校获得一定的经济利益，并且使高校的体育资源能够被充分利用起来。

2. 高校体育馆经营管理的任务

高校体育馆的经营管理活动，一般都是为体育消费者提供体育运动服务，很难发挥其服务能力和水平。因为体育项目活动受各方面的影响，具有周期性和时间性，并且一些体育运动项目还有季节性。这样，高校体育馆的经营管理活动就会出现闲置的状况。所以，高校体育馆的经营管理应在保证为体育运动服务的前提下，充分把高校体育馆闲置的时间利用起来，积极开展多方面的经营，为体育消费者提供体育以外的其他社会性服务，使高校体育馆得到最优化的发展。

高校体育馆进行市场化经营的首要任务是给体育消费者提供服务，这是高校体育馆的基本职能。因此，高校体育馆应积极地开展各项体育项目活动，在保证体育运动员能够正常训练的情况下，可以举办各种运动竞赛、体育表演及各种形式的体育活动，以满足广大体育消费者的需求。

体育锻炼的项目多种多样，一些体育项目要求体育消费者具备一定的锻炼技巧，比如羽毛球、游泳、篮球等体育运动。高校体育馆的体育项目，一般都要求体育锻炼者具备一定的锻炼技巧，另外体育设备具有一定的使用技巧，进行体育锻炼时必须按照规定的操作去使用。若不按照规定操作，不仅会给自身带来危险，也会损坏体育设备。

对于一些初次到高校体育馆消费的人来说，一些看似简单的体育运动项目，实际操作却需要较高的技能和技巧。因此，为了避免事故的发生和设备的损坏，并且提高运动的效果，高校体育馆的服务人员要向体育消费者提供耐心而正确的指导性服务。

体育活动最主要的目的是提高人们的身体健康，但是在体育锻炼过程中，往往会有一些不可控的危险在里面。高校体育馆在对外开放过程中，一方面要满足消费者的各项体育项目需求；另一方面要为体育消费者提供安全舒适的体育锻炼环境。

任何一项体育活动的开展都有可能存在不安全的因素。例如，在进行羽毛球活动时，会滑倒、摔伤等；进行篮球体育活动时，难免与队员碰撞，造成摔倒等。因此，需要高校体育馆的服务人员时刻注意消费者的活动情况，及时地提示消费者按照正确的安全规范参加体育活动。并且高校体育馆的服务人员要懂得医疗知识，在遇到突发事故时，能够及时处理。同时，高校体育馆也要定期检查体育器材的使用情况，根据客流量，更新有损耗的设备，或者增加体育锻炼器材，尽量减少不安全的因素。

如果高校体育馆的管理人员不注意对体育器材设备的检修和保养，会给体育锻炼者带来人身伤害。这会影响高校的形象，造成人流量减少，从而影响高校体育活动的正常进行，并且最终影响高校的收入。因此，高校体育馆经营中的一项重要任务是尽可能降低不安全的因素，减少安全隐患。总之，高校体育馆要尽最大的努力为体育消费者提供安全的体育锻炼环境，满足体育消费者的安全需求。

（三）高校体育场馆的运作方式

高校体育场馆的运作方式有很多种，高校的体育馆因为承担着体育教学的任务，很有可能与经营者的利益发生冲突，也会影响到学校体育教学的任务。所以高校体育馆在选择经营方式的时候要慎重考虑。

1. 合作经营的运作形式

合作经营是指高校体育馆以高校体育馆的基础设施包括场地、场馆等设施作为投资品，校外其他投资者以现金、设备或管理等作为投资品、合作经营体育业务的经营方式。

高校体育馆选择这种经营方式的目的在于通过和校外投资者合作方式，解决高校体育馆在经营过程中资金缺乏、管理经验缺乏等问题。这种合作经营的方式，一般是将盈利收入按照股份制的形式按比例分成。合作经营的双方以有限责任公司的组织形式明确经营过程中遇到的风险和收益，这种合作经营的方式营造了利益共享、风险共担的经营机制。

高校与校外投资者的这种合作经营方式有利于发挥合作双方各自的优势，扬长避短，从而给经营的项目增加了实力和竞争力。高校体育馆在基础设施和人力资源方面具有明显的优势，但是在资金、经营管理方面能力缺乏。因而，高校选择与校外投资者的合作方式有利于高校体育馆在市场经济环境中获得良好的发展。

2. 直接经营的运作形式

直接经营是指高校有关部门自己组织部门对体育馆的日常活动进行经营管理。高校直接对体育馆进行经营管理，对于高校自身的发展来说，有很大的优势，高校体育馆能够对体育经营的项目直接开发，这不仅节约了资源，还能够对资源做到整体的统筹规划，使资源能够被合理地利用起来。因为高校在发展过程中，是要有大局意识的，所以高校直接经营体育馆能够实现经济效益的最大化以及社会效益的最优化。高校直接经营体育馆，在进行经营活动中，不会和高校的体育教学任务造成冲突，能够很好地保证体育教学的正常进行，毕竟高校的主要任务是教学。除了这些优势之外，高校直接经营体育馆还存在一些缺陷，如对体育馆的前期经营需要大量的资金做支撑，可是高校的资金大部分来自国家财政拨款，资金有限，投入体育方面的资金也有限，使得高校体育馆的流动资金少，经营项目启动慢。

通过分析可以看出，高校体育馆直接经营优势明显大于劣势，高校体育馆刚刚走向市场，由于缺乏经验，各项管理制度也不健全，经营有一定的难度。但是只要经营得当，就会有利于高校体育馆的发展，甚至有助于高校整体发展。无论高校选择哪一种经营方式，都要根据自身情况，具体问题具体分析，选择适合自己的经营方式。

3. 承包制经营的运作形式

承包制经营的运作形式是指高校体育馆通过与校外的一些经营者签订合同，把经营设施以承包的形式让出经营权而获得经济利益的方式。高校体育馆承包制经营主要有两种方式：

第一，整体承包的经营方式是指高校通过寻找一些比较有实力的校外经营者，校外经营者通过每年缴纳一定的承包费用而对体育馆的整体进行经营。这种方式的弊端是容易造成价格上的垄断。

第二，分项目承包经营是指高校把体育馆的不同体育设施和不同的体育项目活动分割开来给多个经营者进行经营。这种方式能够形成竞争，但是不利于高校体育馆的整体发展。

高校体育馆承包制经营，可以通过招标、协商等方式对外进行承包。在条件成熟的情况下，招标方式更理想些，它既可以体现市场上的真实价值，又可以使交易流程变得更加透明。高校体育馆对外承包的优点在于体育馆在管理上比较轻松，能够获得稳定的收入，并且能够专注于对学校的教学；不足之处在于高校对体育馆的经营失去了控制权，对体育馆承包者的经营行为难以进行有效的监管和规范。一旦承包者违反法规，就会与高校发生纠纷，且矛盾较难协调，因为合同所规定的各条款不可能涉及方方面面。

4. 委托经营的运作形式

委托经营的运作形式是指在不改变体育馆所属权和功能定位的前提下，委托经营单位对体育馆进行经营的一种方式。高校体育馆通过这种方式，不仅可以发挥体育馆的各种体育功能，也能有效解决高校建设资金不足的问题。委托的方式只需要学校提供体育场馆等设施，不需要考虑经营问题，这对学校来说，管理起来也比较容易。

（四）高校体育场馆的经营管理制度

高校体育馆在经营管理过程中，遵循经营管理制度是不可或缺的，主要有以下几方面。

1. 高校体育场馆的综合管理制度

高校体育馆的综合管理制度一般由学校领导部门制定，并且以规范性文件的形式公布并且实施，它代表了学校对体育馆的管理，具有很高的权威性。管理制度主要由体育场馆管理的原则、工作流程、相关部门的职责等内容构成。随着高校体育馆对外开放，很多高校也都制定出了这方面的管理制度。

2. 高校体育场馆的专项管理制度

高校体育馆不能像社会体育馆那样经营。高校体育馆还是以服务高校学生的教学为主，对外开放不能影响学生正常的教学。因此，高校体育馆的经营是很复杂的，既要考虑到对学生的教学影响，又要考虑到经营。如何处理好这两者之间的关系，是高校发展体育经济的首要问题。因此，高校体育馆应结合学校的实际情况，建立专项管理规章制度。

3. 高校体育场馆的岗位职责划分

高校体育馆对外开放，要获得一定的经济效益，就要有合理且规范的经营管理制度。规范的高校体育馆经营管理首先要明确岗位职责的划分；科学合理地安排岗位职责，这样才能使高校体育馆得到更好的发展。一般的岗位和职责可以从管理层次和管理职责两方面界定：从管理层次来说，可制定高校体育场馆馆长岗位职责、值班人员岗位职责等；从管理职责来说，可制定高校体育馆办公室岗位职责、场地管理岗位职责、设备岗位职责等。

4. 高校体育场馆的使用制度

因为高校体育馆拥有庞大的资源，高校体育馆对外经营是把这些资源合理地利用起来，提高高校体育场馆的使用率。所以，高校体育馆在经营管理中制定并使用制度显得非常重要。这类规章制度一般是专门针对体育馆的使用而制定的，通常以某体育馆使用规定或入馆须知形式出现。目前，在我国的大部分高校中，都建立健全了这类规章制度。

第三节 高校体育赛事商业化

一、高校体育赛事的商业化

随着时代的进步与人们生活水平的提高,人们对体育表现出空前的关注与积极参与的态度。竞技性的体育赛事作为体育行业中的焦点,自始至终吸引着赛事爱好者的眼球。围绕体育赛事需求,产生了广阔的体育赛事市场,带动体育赛事经济体蓬勃发展。体育经济一般形成于社会,以职业体育为主,当发展到一定程度与范围,必然会波及高校。虽然高校体育主要以教学而非以盈利为主,但随着市场经济的发展,社会各个层面呈现出商业化的态势。高校作为社会培养人才的重要场所,不可能孤立于大环境之外,况且高校的存在是为了向社会培养优秀的高素质人才并服务于社会。因此,高校体育赛事的商业化是大势所趋。体育赛事的商业化是指围绕体育赛事,制造体育赛事产品及服务,并采取商业化的运营模式,以促进体育经济的增长与发展。然而,我国高校体育赛事商业化的步伐仍相对滞后于时代的发展,旧的管理体制和思想观念阻碍着高校体育赛事商业化的进程。

(一)我国高校体育赛事商业化的背景

我国社会主义市场经济体制的建立为高校体育赛事的商业化运作提供了有利条件,并确立了方向。现阶段,我国高校一直面临资金短缺的问题,使体育赛事的举办受限,有些比赛甚至依靠各参赛队的参赛费维持,可见主办单位将经费短缺的困境转移给了各参赛高校。

商家敏锐的目光纷纷投向于体育赛事市场,不惜重金潜心而精细地研究市场,从而扩增产品销售,提高企业及其产品知名度,增大市场份额等。而大学生不仅是影响未来世界发展动向的决定性力量,更是未来商业市场的消费主力军。据相关部门调查数据显示,当前全国大学生的年消费总额屡创新高,并且呈现出逐年增加的趋势。

不难预料,当高校学生毕业踏入社会之后,将对市场产生更为深远的影响。因此,若商家全力投资这块市场或夺取未来市场,与在校大学生进行良好而愉快的沟通并博取他们的好感,是至关重要的。高校体育赛事的商业化运作为各大商家提供了难得的大好平台,同时也创造了机会。

(二)我国高校体育赛事商业化的本质与特征

1. 高校体育赛事商业化的本质

从市场经济的角度看,高校体育赛事的商业化是产品或服务实现价值交换的过程。在此过程中,商家、观众及其他相关组织,是购买赛事产品或服务的消费者,赛事的组织者、管理者是产品或服务的提供者。作为一种商品,高校体育赛事是组织学生运动员进行高水平的比赛,以实现运动员的体育竞技价值,并满足观众的观赏需求。高校体育赛事拥有大量的无形资产,具有极高的观赏价值与商业媒介价值。因此,高校体育赛事商业化的本质,是高校体育赛事的商业媒介价值与观赏价值通过市场而实现价值交换的过程。

2. 高校体育赛事商业化的特征

市场价值具有不确定性。高校体育赛事的市场价值是由该赛事的观赏价值决定的,而观赏价值又取决于高校学生体育赛事的竞技水平。随着高校体育赛事水平的提高,观赏价值越大,市场价值自然越高。高校体育赛事的商业化是随着竞技水平而波动的,因此其具有很大的不稳定性。

具有很强的时效性。高校体育赛事的商业化满足市场经济的发展规律,且具有特定的目标指向性。高校体育赛事的无形资产,像赛事冠名权、电视转播权、广告发布权、各类标志的特许使用权等,一般都有特定的时限,一旦超出这个时限,商业价值就不复存在。这要求高校体育赛事的管理者要及早地对赛事的开发进行周密的策划,以期最大限度地实现高校体育赛事的商业价值。

具有过程的不可复制性。就像世界上找不出两片完全相同的叶子一样,对于高校体育赛事,无论比赛对手有无变化,每一场比赛都有着完全不同的过程。过程的不可复制性,使得每一场高校体育赛事都是独特的,即每一场高校体育赛事都是一个全新的"生产"过程,使观众每次观看都有耳目一新的感觉。

(三)高校体育赛事商业化的表现形式

目前,对于我国高校体育赛事而言,大致可分为全国性单项比赛、全国性综合运动会、地方性单项比赛与地方性综合运动会。具体而言,全国性单项比赛有全国各单项体育分会的选拔赛、锦标赛；全国性综合运动会有四年一届的全国大学生运动会；地方性单项比赛有各省市单项分会的选拔赛、锦标赛；地方性综合运动会有各省市举办的综合运动会。

我国高校体育赛事的项目，主要集中在篮球、足球与排球这三大种类上。其中：篮球与足球项目特别受商家的关注与偏爱。1998年举办的中国大学生篮球联赛是我国高校体育赛事中首个采用商业化模式的大学生联赛。随后，为给中国足球培养高素质运动员，中国大学生体育协会和飞利浦公司于2000年共同创办了中国大学生足球联赛。从此，高等学府的莘莘学子拥有了属于自己的足球联赛，同时能在绿茵场上向人们展示天之骄子的风采。有将近1000所大学参加了中国大学生篮球和足球联赛两项赛事，使篮球和足球运动在高校学生中的普及与发展达到了新的高度，而这两个项目渐渐地形成了高校体育赛事商业化的雏形。

高校体育赛事商业化的成功，离不开大学生的积极参与和社会对高校体育赛事的热切关注。目前，很多观众、商家以及媒体越来越关注并参与到高校体育赛事活动中，为我国高校体育赛事商业化的发展提供了动力。

媒体对高校体育赛事商业化的热切关注和参与，既有利于促进高校体育赛事中品牌赛事的形成，又有利于商家品牌形象的树立。与此同时，媒体对高校体育赛事的转播、录播及宣传，也使得媒体报道内容丰富化。在高校体育赛事商业化的进程中，应利用媒体的立体式、多渠道的特点进行信息传达，促进高校体育赛事商业化规模效应的形成。

我国高校体育赛事商业化从起步至今，陆陆续续地有许多商家关注且参与到高校体育赛事活动中。商家之所以选择通过高校体育赛事与消费者进行沟通，是看中了高校体育赛事的庞大市场与商机。通过高校体育赛事宣传企业文化，并增强企业在公众中的影响力，在大学生消费群体中树立良好的企业形象与声誉。在高校体育赛事活动中，结合高校的实际情况和高校体育赛事的特点，构建起规范而有效的商务营销平台，主要包括活动平台、赛场平台、媒体平台、校园平台等。无论是从短期利益还是从长期利益看，无论是从微观利益还是从宏观利益看，商家对高校体育赛事的赞助都是非常有意义的。显而易见，商家在提升企业形象、扩大目标市场、增加销售机会、培养潜在客户、树立强势品牌等方面有着很大的发展空间。

有观众意味着需求，哪里有需求哪里就有市场，而有市场就必然会有商业。尽管由观众观看比赛而获得的门票收入微不足道，但高校体育赛事需要观众带来人气，烘托赛场氛围。参加比赛的运动员也是从他们中间而来,在这样的现场比赛环境中,学生们追逐着他们自己心目中的"体育明星",会欣喜若狂于"体育明星"是自己的同学、校友或同乡等。因此,与观看职业队的比赛相比,置身于这样的比赛现场,他们的观看兴趣更容易被激发,也更容易产生共鸣。

此外,还有一个不可忽视却又容易被忽视的忠实观众群,即参赛学生的家长、亲属或老师,他们会通过各种途径关注赛事,观看比赛、看报纸及相关杂志、看现场直播或转播乃至现场观看等,他们为学生们的表现而感到自豪。事实表明,在高校体育赛事商业化的进程中,观众群体对体育赛事的关注,推动了高校体育赛事商业化的进程,也吸引了商家投资赞助。

(四)高校体育赛事商业化的意义

自20世纪80年代以来,人们越来越关注体育赛事,而高校体育赛事属于体育赛事的一部分,同样也受到社会的高度关注。高校体育赛事通过报纸、电视、网络等各种形式的传媒,为展示高校风貌与学子风采,以及为高校的对外宣传提供了一个良好的窗口,在很大程度上增加了高校的知名度。

我国高校体育赛事的教练员大都是体育部执教的老师,教练员也都是在完成教学任务的基础上担任教练工作。因此,在对比赛现场的指挥与对现代化训练手段的科学运用等方面存在不足,进而使高校体育赛事保持在一个相对较低的竞技水平,导致高校体育赛事被商家关注的程度明显下降,进而影响了高校体育赛事的商业化进程。

当前,一方面由于教练员的自身技能和执教水平需要进一步提升;另一方面由于受到训练条件、训练时间、训练目标、运动员的训练年限等很多因素的影响,而且高校大学生的学制时间是3~4年,随着学业的完成,同时也要离开运动队,高校学生每年的入学和毕业,都影响到运动队在技术和战术方面的默契配合。

对高校体育赛事的承办或参与,不仅可以使学校师生与社会大众观赏到精彩的体育比赛,也提供了学习和交流的机会,体育赛事对校园文化生活的丰富甚至超过了体育赛事本身的价值。高校体育赛事的举行,既能激发大学生的体育锻炼动机,又能增强体育学习的兴趣,通过体育学习与锻炼,使大学生身心得以协调发展,同时增强了师生的健身意识,且对校园文化的建设产生了积极的影响。

（五）高校体育赛事产品

随着高校体育逐渐向产业化发展，体育赛事产品的市场潜在价值越来越引起相关企业的关注，希望通过高校体育赛事对消费群体的吸引使其关注企业所提供的产品或服务。而且，赛事组织机构对赛事产品或服务的市场开发力度进一步加大，并取得了丰厚的利润，政府相关部门也将目光聚焦于此，划拨资金并大力支持，以带动体育赛事相关产业的发展。

随着社会主义市场经济体制的逐步健全与推行，体育赛事已不再像过去计划经济体制时期那样，忽略商业化的经济推动力。相关专家与学者一致认为，作为体育产业链中的核心产品，体育赛事产品或服务要想做好，需要很高的技术含量。但目前国内对体育赛事产品与服务的开发及其微观经济研究还处于初级阶段，尚未引起社会的广泛关注。

1. 体育赛事产品的定义

产品是为满足人们身心需求而产生的，哪里有需求，哪里就有相应的产品。体育赛事产品根源于人们在体育消费方面的需求，将体育赛事作为商品进行商业化运营，并能产生一定的经济效益。体育赛事产品是为满足消费者个性化需求而提供的一种特殊服务，通过运动员在各种形式的体育运动项目比赛中满足消费者观赏需求的技术展示。产品都是围绕比赛而展开，如衣服展销、食品饮料销售、设施广告、娱乐活动等。

目前，体育赛事所提供的产品，主要分为核心产品与衍生产品。核心产品是指竞技运动项目的表演过程，并通过运动会的名气、运动员的赛场表现、运动竞赛的赛场氛围、运动比赛的结果等表现出来，如比赛门票与赛事纪念品的销售等都属于核心产品。而衍生产品是指在竞技赛事核心产品的生产过程中，依托核心产品而派生出来的无形产品，像网络视频、体育彩票、电视转播、赛事邮票等。

一言以蔽之，体育赛事产品是指在体育产业化、职业化与商业化的时代环境下，提供一系列的体育赛事产品或服务等，以满足客户的观赏、实购、冠名、派生等多元需求。

2. 体育赛事产品的特性

在体育产业中，体育赛事作为最受关注的活动，其产品自然有着广阔的市场，而市场运作与营销的效果都受其产品特性的影响。因此，唯有在遵循市场规律并清楚体育赛事产品特性的前提下，体育赛事产品的商业化内在价值与特性才能充分有效地发挥出来。体育赛事一般具有社会特性、生产特性、价值特性与消费特性等。

体育赛事的社会特性是指体育赛事具备文化性、地域性与垄断性等。文化性是指赛事的体育精神及价值取向，也被称为体育赛事的灵魂，缺失了文化性的体育赛事犹如行尸走肉一般；体育赛事的地域性是指体育赛事会受到举办比赛当地风俗、人文环境及大众的体育爱好等影响。体育赛事产品不同于一般的消费品，其具有很高的市场垄断性，往往由赛事运营商或赛事组织委员会对其进行统一管理，严禁任何未经允许的组织或个人随意买卖。

在经济学上，生产是指将投入的资源经过改进性加工或重新组合而转化为产品的过程。赛事产品的生产特性包括不可控性、举办唯一性与经营特许性。体育赛事的不可控性是指由于环境、天气、氛围等因素的变换，使得赛事过程无法被精确地预料，不到比赛的最后，则难以对赛事结果做出准确的判断。体育赛事的举办唯一性是指举办的赛事不可能完全相同，哪怕对于同一种类型的赛事，由于举行地点或时间的不同，各届也都会有所不同。也正因如此，观众能够通过不同的赛事得到不同的观赛体验。体育赛事的经营特许性是指赛事产品的经营需要相关部门授予的特许权，进而对赛事产品的标志、名称、奖牌、会歌、会徽、吉祥物等使用权进行保护，并且经营者还可以利用体育赛事产品本身的附加值，开发并销售与体育赛事有关的各种特许商品或增值服务，如各种赛事装饰品、纪念品、服装等。

体育赛事作为一种产品，具有商品的特征，其中凝聚着运动员的劳动成果，即其竞技能力及心智发挥，这包括其内在价值、外在价值、观赏价值与商业价值。对赛事产品价值特性的认知及把握是有效挖掘赛事价值的前提。体育赛事产品的价值特性包括价值时效性与价值衍生性。体育赛事价值的时效性是指即使同一赛事信息，在不同的时点，其市场价值也会不同。因此，比赛中在不同的时点，其广告费用也会不同。一般情况下，市场价值的高低与赛事信息发生时点的远近成正比。体育赛事的价值衍生性是指其具有二次出售的特性，这一特性蕴含于再生产过程中。当今世界，随着体育赛事产业化、商业化的进展，很多企业以体育赛事的影响力做载体，来宣传自身的企业形象。

消费是指人为了满足自身的欲望与需求而对相应商品或服务的有偿获取。体育赛事产品的消费特性是指通过对赛事产品的使用价值进行销售，而获取经济收益的商业行为。

体育赛事产品的消费特性包括消费主体的多样性与消费过程的不可逆性。体育赛事产品的消费主体呈现出多样化的特征，主要有观众、网络、博彩、企业赞助及电视传媒五大类。体育赛事的特点在于一旦比赛开始，随着比赛的进程，其无法逆转或重复进行。对于体育赛事产品或服务质量的体验及判定,是随着消费的过程而产生的。赛事产品的不可逆性,还体现在消费者一旦购买了产品,就只能接受,而无法更换,更不能退货,不像其他产品那样,但若在消费前就发现了产品的质量问题,是可以换货甚至退货的。

3. 高校体育赛事消费过程及价值挖掘

随着科技的进步及网络新媒体的快速发展,体育赛事的宣传力度与效果越来越大,其影响力已拓展到体育的领域以外,并在价值方向上逐渐由赛事的政治性、精神性转变为商业性、经济性。在许多经济发达的国家,体育赛事产业发展更加迅速,逐步成为支柱性产业。体育赛事的产业化发展历程表明,体育赛事的产业化不但推动了体育运动在全社会如火如荼地开展,并以其独特的方式,拉动基础设施方面的投资,有利于促进相关产业的发展,并呈现出社会和经济的双重效益。

随着人们生活水平的提高及对精神层次的追求,体育赛事产品的消费正朝着时尚化方向发展。由于体育赛事作为一种服务性质的产品,不同于一般的物质性产品,具有与生产消费共进退和多种消费方式共存的特性。根据这些特殊性,高校体育赛事产品的消费过程分为显性大众化的消费与隐性商务化的消费。

显性大众化的消费过程。显性大众化的消费是指将购买的赛事产品直接用于生活的消费。对于显性大众化的消费过程而言,在体育赛事产品营销的进程中,必须自觉地将"吸引人的眼球—激发人的兴趣—产生消费欲望—形成深刻记忆—进行消费行动"的原则按次序落实于其中,唯有这样,才能最终取得销售的成功。

隐性商务化的消费过程。隐性商务化的消费是指将购买来的产品用于从事再生产活动的消费。显然,隐性商务化消费以获得利润为导向,不同于显性大众化消费过程。在隐性商务化消费的过程中,从表面现象来讲,首先,消费者要被赛事载体深深吸引进而对其关注;其次,经过调研分析,对通过赛事载体的可获利程度做出判断,然后产生强烈的赞助欲望,随后搜索相关的大量信息,做出赞助方案;最后,实施赞助行为。但从本质上讲,在隐性商务化的消费过程中还隐藏着赛事产品的许多间接消费环节。在对各种隐性商务消费者进行综合分析后发现,隐性商务化内在消费的本质过程层次由"注意—挖掘—期待—释放—回味"而构成。

对显性大众化消费者而言,高校体育赛事消费是心理享受的一种体验过程;对隐性商务化消费者而言,在体育赛事消费的过程中,始终贯穿经营理念,是对商业价值回报模式的一种探索。由于赛事消费过程中的"期待""释放""回味"三个环节体现着不同的价值形式,并分别在注意力经济、影响力经济和回头经济上有着深刻的体现。因此,不论是对显性大众消费者的心理发展而言,还是对隐性商务消费者的赞助回报来说,这三个环节都相当重要。

注意力经济是指为获取一定的经济收益而采用各种方法吸引公众注意力的一种经济活动。在此过程中,作为主观而有限化资源的注意力与作为客观而无限化资源的赛事信息得到了最佳的配置;影响力经济是指为实现预期的经济收益,利用赛事产品对受众施加影响,其源于注意力经济,又超乎注意力经济;回头经济是指在充分利用赛事的影响力和对公众注意力有效吸引的基础上,在注意力营销战略中施行二次定向吸引,从而获取利润的一种经济活动。

体育运动的兴起一直推动着体育赛事不断向前发展。体育赛事以深厚的文化内涵和广泛的影响力逐渐成为人类现代文明中不可忽略的一部分。奥运会无疑是世界上举办最精彩、最成功的体育赛事之一,它代表着全球范围内体育赛事商业化运作的最高水准。

近年来,体育竞赛市场以竞技体育为依托,并且日趋走向成熟与完善,伴随体育赛事的不断成长,商业化运作也得到进一步发展。在社会主义市场经济改革进程中,我国各项体育赛事的商业化运作进行得有声有色,各项赛事本身成为各大商家和媒体关注并投资的对象。经过各方面的共同努力,像哈尔滨第24届世界大学生冬季运动会那样,各种高校联赛已迈出商业化运作的第一步。

在全面建立健全社会主义市场经济体制的整体环境下,各行各业都开展了关于高校体育赛事商业化的探索与讨论。可是直到今天仍缺乏严谨的商业化定义,在主要的词典之中也没有收录相关的词条。在社会大众的印象中,商业化是指以生产某种产品或提供某种服务为手段,以达到盈利的目的。体育行业为适应社会主义市场经济体制,也渐渐地商业化,体育商业化是指以竞技为中心的各类体育运动,采用商业化的运作模式,以盈利为目的而推动体育业向前发展。

(六)高校体育赛事商业化运作的定义

运作是指通过一系列输入转换成输出的创造商品和服务的活动。任何组织都有一个运作系统,通过将输入转换成输出而创造价值。体育赛事运作指体育赛事主办单位通过行使管理职能对赛事投入的人力、物力、财力和信息技术等资源进行合理整合并优化分配,有效地创造出竞赛产品及相关服务,进而达到赛事目的。

高校体育赛事商业化运作的概念可界定为高校体育赛事的举办者合理分配并使用在赛事中投入的各种资源，创造出赛事的产品及相关服务，并采用商业化的手段与方法，将它们作为市场中的一种商品，进行交换，并获得利润，以支撑举办体育赛事的各种开支，从而促进高校体育事业的蓬勃发展。

（七）赛事参与体

体育赛事必须有人参与才能发生，服务的消费与管理的实施也必须有人参与，人的因素是体育赛事中的重要因素。赛事参与体也带着参与赛事的动机与目的，并且参与体之间的需求和期望有时会产生重叠，甚至会发生冲突。成功的赛事要取得很好的成效，一般要平衡参与体间的竞争，而高校体育赛事在商业化运作的过程中，自然也会遇到这些问题。

一般而言，人们以为赞助只是简单地解决资金短缺的问题，但现在赞助成了需要给予适当回报的商业投资，属于市场营销的重要组成部分。当前，许多赞助商对赞助的观念发生变化，商业赞助成为组织之间一种更高级的合作营销方式。由于赞助涉及整个赛事各个方面的投资，赞助商可取得商业发展机会作为回报。

现今世界媒体的扩展，互联网与卫星电视的应用等创造出了大量的媒体产品。全球媒体组织的网络化，媒体图像和数据的电子快速传输，使全球成为一个媒体库。媒体的革命反过来也给体育赛事带来了深刻影响，表现在体育赛事上，即媒体中的虚拟存在已经等同乃至大于现场的实际存在。体育赛事的现场观众也远远少于电视或网络观众。

赛事参与者包括运动员、教练员和裁判员等，赛事的结果最终由他们决定。运动员是各项体育赛事的主体，随着高校体育赛事商业化水平的不断提升，观众和教练员是其中的一个组成部分。没有运动员的精彩表现，就不可能吸引众多的观众。由于赛事的精彩程度由观众和运动员等参与者共同决定，若无法吸引球迷的关注，也就失去了球迷对球队的支持，同时会无人观看球赛，也会失去电视转播的青眼。

（八）我国高校体育赛事商业化运作的理念

高校体育赛事商业化运作理念是对赛事商业化运作过程、规律、宗旨及方向的本质认识，是赛事商业化运作的理论指导，是高校体育赛事商业化运作所依据的规范与标准。高校体育赛事在商业化运作的进程中受到主客观条件等多方面的限制，因此持有正确的商业化运作理念显得至关重要。

由于体育赛事具有服务类性质，而服务作为一种无形的产品，具有很强的商业性特征。市场营销是体育赛事必然的内容和任务，是体育赛事必不可少的一环。无论体育赛事是否以盈利为目的，都是为包括观众在内的消费者提供一系列的服务，让他们的付出更有价值。所谓赛事营销理念是指以观众为中心，紧绕市场，运用多种营销方式，实现投资者与顾客的互惠共赢。

根据以上理论及产品本身的特征，提供服务且满足消费者需求是高校体育赛事商业化运作的宗旨。高校体育赛事中的消费者，换一种说法，就是使用体育赛事产品或服务的成员，高校体育赛事中的消费既包括对体育赛事产品或服务的直接消费，又包括运动员在内的全体参与者对赛事支撑服务的间接消费，尤其是对赞助商和媒体等赛事参与体的服务而产生的消费。由于消费者在面对不同服务时，具有选择最佳消费模式的决策权利，因此服务理念的提出，对高校体育赛事的商业化运作有重大的意义。

法律是高校体育商业化运作必不可少的因素，法律与赛事风险紧密联系在一起。单单依靠任何一家公司或赛事参与体而完成体育赛事的整个运作任务是不可能的，必须依靠多方合作才能达到最终的赛事目标。既然有合作，也就必然有合同，有合同就必然有谈判和法律的存在。法律在高校体育赛事商业化运作中表现在营销、广告、赞助、国内外的电视转播权等一系列合同的签署。签订的正式书面合同是各方利益得到法律保护的根本凭证，使各方明确各自所承担的职责、权利、义务、角色、财政负担和违约责任，且能免去由口头协议而带来的麻烦。

市场需求的大小决定了高校体育赛事能否被塑造成品牌赛事，而非只是依靠政府及相关体育组织。赛事之所以能成为品牌，首先取决于赛事本身是否具有很高的竞技价值和很好的观赏价值；其次取决于运动员的竞技水平和对公众的影响力；最后取决于赛事组织经营者对赛事的包装和市场化运作。然而，不管哪种体育赛事，同样都需要经过数十年乃至上百年的运作经营和市场推广，才可能成为品牌赛事。虽然我国高校体育赛事资源非常丰富，但在品牌赛事上，还需进一步提升。

（九）我国高校体育赛事商业化运作的程序

高校体育赛事商业化运作的人员设置及组织机构会随着赛事的性质、规模、历史传承等因素的不同而发生变化。体育赛事运作管理机构如果是企业性质，一般会在企业内部设立市场开发部，以负责整个赛事的商业化运作；如果是由政府部门组建的体育赛事组委会，则会另设市场开发公司，并直接受组委会监管。

体育赛事商业化运作的第一步是统筹赛事资源，即对赛事所具有的市场资源进行详细而全面的调研、分析、统计、归纳、整理和分类。资源统筹不仅工作量很大，而且对细节的要求也高，因此需要多部门的协调。资源统筹虽然主要由负责市场开发的部门承担，但必须同其他部门进行沟通协调。需要特别强调的是：统筹资源是一个富有创意的过程。在原有资源的基础上进行创新，或者不断地挖掘新的市场资源，需要对资源进行筛选、优化与整合，以提升体育赛事商业化运作的质量与效率。

高校体育赛事商业化运作目标，简言之，就是通过对体育赛事产品与服务的营销，获得尽量多的利润。目标的制定，在日常运作中往往会有两种方式，或是对两种方式的综合运用。方式之一是对赛事市场整个资源的总体价值进行全面估算，以此作为基础，确立赛事市场的开发目标，这是各种类型赛事特别是商业赛事经常使用的方式；方式之二是根据赛事的实际资金需求来确定赛事的市场开发目标，这是国内许多综合性大型赛事经常采用的方式。

赛事的市场开发应该遵循"公开、公平、公正"的原则，"等价交换"是高校体育赛事商业化运作的关键。因此，体育赛事运作机构要制定出对赛事市场进行开发的各种规则，且上报主管单位或赛事主办单位，确定规则的稳定性、统一性与权威性。唯有如此，对赛事市场的开发才能做到有法可依、有章可循，还可以避免朝令夕改、人云亦云等现象，并为以后各种合同的签订提供依据。

高校体育赛事商业化运作方案的制订，包括市场开发总体计划的制订与各项开发工作具体方案的制订。市场开发的总体计划一般包括制订销售预期目标、确定市场开发目标对象的范围、制定宣传手册与营销方式、市场开发的费用预算、各项开发项目的工作要求等。各项开发工作的具体方案包括门票、赞助、电视转播权等。

方案的实施是在不违背赛事市场开发总体规则的前提下，根据市场开发实施方案，有计划、有步骤地开展工作。在这个阶段，赛事市场开发时间跨度最长、人力资源投入最大，资金耗费量最多，故此方案的实施效果直接影响到通过体育赛事而获取的利润。方案实施的成功与否，以下两个衡量标志缺一不可：一是赛事市场开发工作好坏的硬指标，即开发收入的多少；二是向赛事支付费用的赞助商、购票观众，购买电视转播权的媒体机构等开发对象的满意度。

二、我国高校体育赛事商业化案例分析

当今时代的信息化与网络化给中国高校体育赛事商业化的发展带来了新的机遇与挑战。国外大学体育协会的商业化运作案例为我国高校体育赛事的商业化发展提供了一些卓有成效的盈利方法,也带给我们不少有益启发,应该引起我国高校体育赛事运营相关人员的深思。

(一)世界大学生冬季运动会(简称"大冬会")

1. 大冬会简介

第24届世界大冬会于2009年2月18日在中国哈尔滨市举行,是在北京奥运会与残奥会之后,我国体育史上举行的首个国际综合性高水平运动会,有44个国家和地区参加,参赛运动员高达2366位。比赛共设置81个小项和12个大项,是自大冬会成立以来设置的运动项目最多的一届。

大冬会的口号是"冰雪、青春、未来",既传达了赛会的主题,也弘扬了奥林匹克体育精神,还体现了中国赛事的特色及举办地的风土人情,更展现出哈尔滨人民对未来的美好憧憬和愿望。素有中国"冰城"之称的哈尔滨,作为赛事的举办地,其明显的地域特征就是冰雪。因此,大冬会在冰天雪地中的举行向世界各国展现了体育运动精神与冰雪文化的完美结合。青春代表着激情、活力、希望与梦想,是青年人生命特质的象征,带给人们无限希望。作为未来世界主力军的青年,具有无限潜力,足以去创造美好的未来,同时展现了主办城市面向未来、面向世界、面向和平发展的承办理念。

大冬会的会徽取名为"青春飞扬",根据国际大学生体育联合会(简称"国际大体联")的要求,运用简洁明了的蓝白双色线条,以字母"U"作为基本造型,线条的蓝白相间所带来的流动感,像是运动员在冰天雪地中快速滑过的轨迹,增强了对人们视觉的冲击力,也凸显出大冬会是以充满青春活力的高校学生为主体。整体而言,会徽像随风飘扬的一面旗帜,既展现了人与运动、人与自然的和谐之美,还展现出了当代高校学生青春飞扬、勇于拼搏的精神风貌。

大冬会的火炬重达1000克,高达70厘米,以蓝色和白色为主色调。纯洁而优美的造型,非常符合人体工程学原理,因此握举起来显得舒适又方便。火炬的完美造型极好地呈现了哈尔滨的地域文化,也清楚地表达了大冬会的主题精神。

大冬会的比赛项目丰富多样,设有速度滑冰、冰球、冰壶、短跑道速度滑冰和花样滑冰5个冰上项目与单板滑雪、跳台滑雪、越野滑雪、高山滑雪、北欧两项、冬季两项和自由式空中滑雪7个雪上运动项目。

大冬会吉祥物的名字取为"冬冬",以蓝色和白色为基本色调,以雪花的形状为图像的基本元素,采用拟人化的创作手法,凸显了体育赛事在冬季的特色。冬冬有着活泼可爱、热情开朗、纯洁无瑕的形象,美丽的笑容像天使一般,围巾的橘色象征着活力和生机,热情、真诚而友好地欢迎各国各界的友人。

2. 组委会的成立

2006年6月10日,经有关部门同意及批准,大冬会组委会正式成立,以强化对大冬会承办和相关筹备工作的组织、领导与管理。2006年9月6日,在哈尔滨市的国际会展体育中心召开了组委会成立大会。紧接着,组委会相继成立了体育部、对外联络部、规划建设部与综合办公室等20余个相关办事机构。

由组委会来完成对大冬会前期筹备工作的总体方案、建设方案和宣传方案的制订,对比赛场地及其基础配套设施建设等47个项目进行财务预算,预计投入26亿元的资金,且明确责任单位、完成时限和工程进度目标;组委会拟设的12个大项比赛项目已通过国际大体联审定;也已完成大冬会商业化运营相关政策、法规等文件的起草,同时开通了大冬会的中、英文官方网站。

3. 商业化运作原则

在持守"政府支持、社会赞助、市场运作"的基本原则下,充分利用社会资源、赛会资源及政策资源等对市场进行大力开发,为中外企业提供优良的市场营销平台,第24届哈尔滨世界大冬会的商业化运作,是经国际大体联授权的,其组委会依法享有对大冬会的电视转播权和市场开发权。此届大冬会的成功举办,为我国高校体育赛事的商业化运作带来了深远的影响。

4. 商业化运作的方式

此次大冬会综合采用赞助商、供应商及合作伙伴三种运作模式。对于大冬会赞助商,根据赞助资金的数额以及所提供的技术、物资与服务价值,不同程度地依法享有相应的赞助收益作为回报。供应商分为独家供应商与非独家供应商两种。独家供应商是指对同类产品或服务提供资源供应的唯一赞助企业,并享有同类产品类别的市场营销排他权。而非独家供应商则是指对同类产品或服务提供资源供应的两家以上的赞助企业,市场营销排他权由入选企业共同享有。合作伙伴是指第24届哈尔滨大冬会的最高层次赞助商，享有同行业的排他权。

5. 大冬会特许商品

大冬会特许商品是指经组委会授权，由特许企业生产并销售的一类产品，该产品上印有第24届世界大冬会会徽的标志。特许商品的种类包括体育用品系列、纪念品系列、工艺品系列、首饰系列、食品系列、文具系列、磁卡系列及陶瓷系列等。

捐赠是指个人、团体或境内外企业无条件地提供物资、资金或技术服务等，进而支持大冬会的举办。对于社会捐赠的资源，大冬会组委会市场开发部是唯一合法的接受及处理机构。捐赠始终坚持自愿原则，包括捐物资、捐款、义赛、义演、义展、义诊、义卖及其他义务劳动等。大冬会将市场开发部的物资或资金捐赠所得都用于本次赛会上，以感谢社会各界人士的大力支持。

6. 赞助商权益的保护

保护赞助商权益是体育赛事商业化运作中很重要的一个方面。对第24届大冬会而言，需要制定一系列措施与法规，保护赞助商的合法权益不受侵害。赞助商权益主要包括行业收益、官方荣誉、广告收益、招待计划和冠名权收益五个方面。

行业收益主要包括给予相关行业产品排他权、授予企业产品称号、优先选用赞助企业产品、第24届大冬会会徽使用权等；官方荣誉主要包括召开新闻发布会、同组委会领导接见、给予企业领导名誉职位、授予企业产品光荣称号等；广告收益主要包括场馆广告、证件广告、宣传册广告、门票广告、新闻发布会背板广告和公共广告等；招待计划主要包括重要比赛门票、获赠贵宾席位、为企业提供辅助营销活动、赛会期间的交通及食宿安排等；冠名权收益主要包括比赛场馆冠名、票面冠名、单项比赛冠名、官方重大活动冠名等。

第24届哈尔滨大冬会取得圆满成功，我国大学生冬季项目竞赛成绩也得到重大突破，运动员及工作人员受到参赛各国的高度评价，展现了东道主认真工作的态度与热情好客的情怀。此次大冬会的商业化运作中，有着不少值得我们学习与借鉴的地方。

(二) 中国大学生篮球联赛

1. 中国大学生篮球联赛简介

中国大学生篮球联赛是由中国大学生体育协会主办，以"发展高校篮球，培养篮球人才"为宗旨。联赛正式成立于1998年,分设有男子组和女子组。中国有两大最具影响力的篮球比赛:一是中国男子篮球职业联赛;二是中国大学生篮球联赛。对中国大学生篮球联赛而言,预赛参赛队伍每年都已超过了1200支,分区赛参赛队伍已高达112支。在我国篮球界中,中国大学生篮球联赛是参赛人数最多、文化层次最高、地域覆盖最广的赛事。

最初,中国大学生篮球联赛会徽的背景是篮球图形,其上横向排列着五颗星和"CUBA"四个英文字母。中国大学生篮球联赛将中国著名男歌手刘欢作词并作曲的《CUBA之歌》作为其会歌。中国大学生篮球联赛以一只取名为"聪聪"的篮球卡通形象作为其吉祥物。该联赛以"上大学是我的梦想,打篮球是我的梦想,中国大学生篮球联赛是我圆梦的地方"和"领悟篮球、领悟体育、领悟文化"为其主题口号。中国大学生篮球联赛会徽、会歌与吉祥物的出现,标志着在中国篮球界乃至体育界中,第一次使用形象识别系统对赛事进行整体包装。

中国大学生篮球联赛联赛组织委员会(以下简称组委会)是联赛的执行机构,其是一个非营利性组织,由体育、教育、文化、新闻、经济等各界热心人士组成,在中国篮球协会和中国大学生体育协会的指导下,按照有关规范性文件、法规和条例开展工作。

2. 中国大学生篮球联赛的发展历程

该联赛作为中国体育史上首个面向大众与高校的大学生专项运动联赛,是由杭州恒华(国际)集团有限公司和中国大学生篮球协会在1996年联合推出的。其最初的建赛宗旨是在商业化的运作模式下,实现"发展高校篮球、培养篮球人才"的宏伟目标。

第一届中国大学生篮球联赛北方赛区的决赛于1998年8月8日在天津财经大学拉开了序幕,标志着从此中国大学生篮球联赛决赛阶段的比赛正式开始。第一届中国大学生篮球联赛场面火爆,参与各阶段比赛的共有来自26个省、自治区、直辖市的高校代表队617支、运动员和教练员9130名,比赛场次高达2600余场,现场观众高达146万人次,中国中央电视台对20场决赛进行了现场直播,百余家各地方媒体对决赛进行了报道或转播。第二届中国大学生篮球联赛在第一届联赛的基础上,重新调整了赛制,由原先的A、B级联赛"双轨制"转为"并轨";在比赛举办时间上,从自然年度改成学年度比赛;在比赛区域划分上,由之前的南北两个赛区划分为西南、东南、西北、东北四个赛区,以至改制后,不管是联赛的激烈程度上,还是整体水平上,都得到了大幅度的提升。从第三届中国大学生篮球联赛开始,确立了稳固的全国联赛制度,推出了中国大学生篮球联赛竞赛新规程,其以"固定的比赛时间、不变的参赛条件、有利于参赛队系统训练的赛制"为特征。到了第四届，中国大学生篮球联赛开始步入规范化、科学化的轨道，无论在赛事组织方面，还是在宣传推广方面，都开始进行一些新思路的尝试，显著提高了该联赛的社会化程度。中国大学生篮球联赛到了第五届，依法施行了重大的战略方针，开始以东部大城市作为"据点"而大举向西部进发，因此组委会在进行赛事推广时，有意识地优先选择西部地区的中心城市。第六届联赛，将中国大学生篮球联赛推到了一个新的历史转折点上，并进一步加强同央视的战略合作伙伴关系，使电视转播规模扩大为本届联赛的一条主线。因此，组委会对赛制及赛程做了很大程度的调整。

3. 中国大学生篮球联赛的商业化运作

中国大学生篮球联赛的商业化酝酿与策划始于 1996 年，1996 年 4 月 10 日，中国大学生篮球协会秘书长龚培山教授与热爱篮球运动的前浙江大学篮球队长也是恒华（国际）集团总裁张宁飞先生进行了第一次会面，在中国大学生篮球联赛的建立意义、商业化运作及发展规划等方面都达成了一致，恒华（国际）集团成为该联赛的最大也是第一投资商。1997 年 2~4 月，相关部门批准了有关联赛的文件，并在全国范围内推行中国大学生篮球联赛。该联赛被相关部门纳入 1998 年度的全国竞赛计划里。与此同时，中国大学生篮球协会也得到中国篮球协会的批准而成为其会员。1997 年 3 月 14 日，正式成立了恒华体育（广告）发展有限公司，为该联赛提供强大的资金支撑。随后，中国大学生篮球联赛开始建立了各种制度，确立各项章程，根据提出的要把该联赛建设为充满朝气、积极向上的品牌理念，设计出中国大学生篮球联赛包括会标、会徽、会旗、队标、会歌、吉祥物等完善的视觉识别系统。

中国大学生篮球联赛从创立至今，始终保持着每届 2400 多场基层选拔比赛、六七百支参赛队伍、近万名运动员和教练员、15 场男八强及女四强赛、160 场分区比赛的赛事规模，对全国高校的篮球运动产生了广泛而深远的影响，在社会上树立起了健康、积极、向上的赛事品牌形象。随着竞技水平的稳步提高与竞赛系统的日渐完善。该联赛在社会上的影响得到迅速扩大，体育方面的优秀人才也纷纷加入进来，市场营销和品牌建设都初见成效。自此，中国大学生篮球联赛被誉为中国篮球界的"希望工程"。不仅如此，还可以用权威媒体的监测数据对该联赛的影响力加以证明，中国大学生篮球联赛从创立至今始终是央视固定转播的体育赛事之一，由央视的索福瑞媒介研究机构所提供的收视率调查结果显示，对第五届中国大学生篮球联赛中的男八强、女四强赛进行的 9 场转播，平均收视率竟然达到 0.8，最高甚至能达到 1.3。由此，央视开始调整节目资源，决定将中国大学生篮球联赛作为突破口,在学生体育竞赛领域进行精品赛事播报。

经过五年的市场营销和品牌建设,该联赛成为一个民营企业与社会团体联手打造的体育赛事知名品牌,陆续吸引了像安踏、摩托罗拉、万事达、一汽-大众、中国电信、中国银行等多家企业的合作加盟。中国大学生篮球联赛从第五届开始,其组织者开始主攻无形资产的开发,力争把产品做精,将市场做大。目前正在推行市场拓展计划,其主要有两方面的内容:一是将"中国大学生篮球联赛短信乐园"项目开通,以网络作为无线增值业务的开展平台,提高商业化运作水准;二是同国内体育用品业的龙头李宁公司建立起长期合作的商业伙伴关系,采用品牌联盟的方式,做该联赛的宣传推广,对一系列的标志性产品进行大力开发,向篮球市场发起全面进攻。

(三)中国大学生足球联赛

1. 中国大学生足球联赛简介

中国大学生足球联赛,简称"大足联赛"或"大足赛"。大足联赛于2000年创立,由中国足球协会和中国大学生体育协会联合主办,由各省、自治区、直辖市教育厅(教委),中国大学生体育协会足球分会,大学生(学生)体育协会协办。大足联赛是中国国内高校竞技水平最高、参与范围最广、影响力最大的足球联赛,在大学生11人制全国性足球赛事中,是被中国大学生体育协会唯一正式认可的,从2012—2013赛季起,由广东省优势传媒广告股份有限公司进行独家运营与推广。

2. 中国大学生足球联赛的发展历程

2000年10月21日,在北京理工大学,拉开了首届飞利浦中国大学生足球联赛的序幕,在首场比赛中,中国人民大学以0∶3的比分负于北京理工大学。2007—2009年,大学生足球联赛的冠亚军曾获得资格参加中国足球协会业余联赛的总决赛;2012—2013年,大学生足球联赛的冠亚军还曾获得资格参加中国足协杯赛正赛;在世界大学生运动会中,总决赛的冠军同时也成为中国大学生男子足球队的主力,中国大学生足球联赛超级组的一些优秀球员,构成了中国大学生足球队。

在2012—2013赛季,联赛第一次实施校园组与超级组分开的模式,凡是由普通高等学校通过招收高水平运动员而录取的学生,还有师范类院校与体育类院校体育专业的学生,只可以参加超级组的比赛,皆不可参加校园组的比赛。在体育赛事发展史上,该分组模式的施行是一项重大赛制创新,消除了参赛高校间实力上的过分差别,更好地体现出联赛的公正原则。经过为期一年的征集,在2013年3月23日举办的南区决赛开幕式上,大足赛会歌《我的世界》由青年歌手安熠格演唱。

2014—2015赛季于2014年12月6日—12日,在河北赛区的保定职业技术学院举行。来自河北赛区的13支校园组队伍与两支超级组队伍,经过33场激烈的争夺赛,最终华北电力大学夺得校园组冠军,石家庄经济学院夺得超级组冠军,随后两者共同进入大区赛

3. 中国大学生足球联赛的赛程赛制

中国大学生足球联赛是根据高等院校的一个学年为一个赛季而制定的,属于跨年度的赛制,而整个赛程包括省内赛、大区赛与总决赛三大阶段,赛区覆盖了全国34个省、自治区、直辖市及香港、澳门特别行政区。中国大学生足球运动是参赛人数最多、受关注程度最高、最具综合影响力的体育赛事。

在这一阶段,由各省、自治区或直辖市自行制定本地区选拔赛的赛事章程并予以实施。通过乡镇级、县级的一系列比赛,选出优秀的足球选手,进入省内选拔赛,从各省内选拔赛中选出获胜的球队,进入下一阶段的大区赛。

在前五届联赛中,赛区划分为东南西北四个大区,但从第六届开始,赛区只划分为南北两个大区,并实行集中赛会制。各由16支参赛球队组成南北两分区,若是参赛队数没有达到16支,则从上届联赛分区赛中根据名次选出球队来凑够16支。

在总决赛中,早期采用的赛制是集中赛会制。参赛球队的数量屡屡攀升,第一届有8支,第二届增加至12支,第三届达到16支,第七届高达24支球队。参加总决赛的一般有大区赛胜出队、东道主以及上届前三、四名的球队。但从第十一届开始,在南北两个大区前四名的球队间采取主客场淘汰赛制;从2012—2013赛季即第十三届开始,在超级组总决赛的前两轮淘汰赛中,8支球队仍旧采取主客场淘汰赛制,但最后的决赛须采取单场决定胜负的赛法。

4. 中国大学生足球联赛的赞助商

联赛创办之初,赞助商是荷兰皇家飞利浦电子公司;2006年4月24日,李宁品牌与中国大学生体育协会联名举行发布会,从第七届开始直到第十一届,由李宁(中国)体育用品有限公司对赛事进行冠名赞助,并以中体经纪管理有限公司作为其独家商务及推广机构;2012年10月15日,特步(中国)与中国大学生体育协会联名举行发布会,从第十二届起,联赛由特步(中国)有限公司提供冠名赞助,由广东优势传媒广告股份有限公司进行独家推广及运营。

(四)启示与改进

1. 存在问题

在我国,只有在一些影响相对较大、级别相对较高的体育赛事中,才会出现高校体育赛事商业化运作的现象,对规模相对较小的比赛而言,难以实现商业化运作的全面化。现存的一些高校体育赛事商业化运作,面临内容空泛、形式单一、资金投入相对较少及对赞助者利润的获得无法进行保障的局面,比赛的资金注入依旧滞留在依靠拨款的计划经济年代的问题。并且,还存在赞助企业单一、赞助组合单一、赞助项目有限、媒体支持力度不够、企业赞助延续性差、市场开发力度不够、营销理念不足、社会影响力不大等一系列的问题。

当前,由于我国高校的不断扩张与学校之间竞争的日益加剧,高校在新校区修建、宿舍楼及教学楼建设、科研工作等方面都投入了大量的资金,但在体育赛事的商业化运营上,资金的投入相对不足。然而对教育部门与体育部门而言,在高校体育赛事的经营与发展上也缺乏专项资金对其的支撑。由于资金支持不力,一些比赛锐减,造成参赛人数减少,比赛规模下降。因此,学校对其的重视程度和社会对其的关注度呈现出严重不足局面。这样,对一些高校及赞助商而言,体育赛事的举办竟成为其沉重的负担。

近年来,我国高校虽然举办了不少体育赛事,所涉及的范围也非常广泛,但是对于真正的精品赛事却还存在不足。虽然第24届大冬会、中国大学生篮球联赛与中国大学生足球联赛的成功举办,为中国高校体育赛事的商业化发展带来了新局面,但这样的精品赛事毕竟还相对稀少,况且各高校对其参与力度也并不是很高。

当前,社会和各高校对体育赛事商业化的重视程度普遍较低。随着学业压力的增大,一些高校在体育教学上表现出一定程度的忽视。另外,多数学生家长对体育的认识程度相对不足,间接地使高校学生在体育运动上的兴趣及热情明显不足,甚至造成了学生在对体育运动技能掌握上的欠缺。并且一小部分学生,并非积极地参与体育赛事,而只是停留在对赛事粗略观看的层面。

2. 原因分析

(1)观众关注度不够。

(2)媒体支持力度不够。

(3)受到政府主导体育赛事的体制限制。

(4)赛事主办单位或赞助商对赛事资源开发不够。

(5)相关体育部门与体育经纪公司或推广公司的合作不够。

3. 解决方法

由于我国高校体育赛事的商业化运作起步相对较晚，也无先前的国内模式可供借鉴，尚未真正建立起完善的法律法规体系，还缺乏专业化水平相对较高的体育管理机构，而对于不同种类的体育赛事，其特征、运作与服务过程也有所不同，间接地造成了我国高校体育赛事市场秩序相对混乱的局面。结合高校体育赛事商业化的条件及环境，为了更好维护市场秩序，避免体育赛事经营过程中的不正当竞争，使高校体育赛事得以规范化运作，相关配套制度与法律法规的尽快制定、行政及法律手段的运用显得特别重要。

政府相关部门及各高校在体育赛事的商业化上投入的资金相对较少，这使得高校体育赛事的商业化发展受到了很大程度的限制。但随着品牌赛事的不断举办与赛事规模的不断扩展，越来越需要更多资金的注入，以提供赛事健康而快速运营的基础。因此，唯有以赞助商的资金赞助作为强大的后盾，高校体育赛事的商业化才能稳步向前发展。

我国高校体育赛事的发展进程中，在篮球与足球等运动项目上，已初见成效，已经有了中国人自己的赛事品牌，但这还只是开始。为了进一步提高学生的竞技水平，加快对高校体育赛事品牌的创立，使高校体育赛事的优质风貌得到全面的展现，需要社会、高校及相关的体育管理机构加大对体育赛事的推广与宣传力度，以期引起全社会的关注。

对我国高校而言，如今尚未形成体育赛事的一个网络化广宣平台，不少高校虽然有着像体育师资、体育场馆、体育设施及器材等丰富的资源，但往往因缺乏合适的合作伙伴而对活动的举办具有一定的阻碍作用。通过建立体育赛事的网络化信息平台，以促进高校间体育赛事上的学术交流，有利于赛事资源的整合，也便于赛事信息的透明化，使各高校在体育赛事的商业化进程中共同发展。

第四章　数字体育的高质量发展总体思路

第一节　数字体育的创新发展

一、数字体育的发展特征

在数字经济高速发展的背景下，将数据作为与土地、资本、技术等并列的一种重要生产要素，以现代信息网络和信息通信技术等为支撑，将复杂的信息转化为可度量的数据，实现信息的可计算，可在生产、生活决策的各环节中产生新作用，推动社会生产方式、生活方式的变革。数字体育概念最早于21世纪初在我国出现，彼时对于数字体育的认知仍比较狭义，主要聚焦于赛事转播、竞赛训练等方面。伴随我国体育的不断发展，数字体育开始与体育消费、体育产业发展产生紧密关联，逐渐演变成为一种涉及体育参与者、场地设施、赛事活动等多方面，重构和创新体育发展形态、流程和内容的体育发展新范式，且形成了如下比较鲜明的发展特征。

第一，将体育过程及相关活动转变为可供统计分析的数据或信息是数字体育发展的根本环节。体育赛事需要制作成为数字直播信号后才能进行大范围传播，形成对体育传媒和体育赛事相关行业的带动效应；健身消费者运动和健康的情况只有经过采集、量化才具备应用价值，运动促进健康等增值服务才得以开展。不论体育发展形态和发展阶段如何，数字体育的发展都将依赖体育过程及相关活动的数据化或信息化。也正因此特征才为数字体育的发展带来了更大的想象空间。例如,依托深度学习和计算机视觉算法等技术而产生的数据采集系统可从多个维度实现对运动员在不同运动项目中的运动表现进行数据采集,这些数据经过整合将综合反映运动员的赛场表现,并与多类人群产生关联:教练员可根据数据做出科学决策,调整训练方法与战术,进而促进运动成绩提升;球探可以将运动表现数据作为其球探经验的重要补充,避免具有才华的运动员被遗漏;观众可以通过各项量化数据更加深入地理解赛事内容,并对赛事或体育联盟产生更强的消费黏性。进而形成一个以数据为核心,由运动员、教练员、球探、球队、观众、其他利益相关方组成的,更加紧密的职业体育生态,从而促进职业体育乃至体育产业的健康可持续发展。

第二,数字体育能提升体育管理工作效率、优化体育管理工作模式,并创造新价值。在电子政务快速发展的背景下,数字体育在体育管理部门中的应用已不仅是信息流转渠道的改变,而是政府平台化后对体育管理工作职能与流程的重塑。以体育赛事管理为例,某市相关体育赛事管理办法要求办赛主体在开赛前,应通过该市在线政务服务平台上传体育赛事名称、时间、地点、竞赛规程等基本信息,即加快实现体育赛事管理的数字化。根据对该市体育局相关部门的调研,依托"一网通办"平台打造的体育赛事信息公示和查询政务服务已基本实现了赛事信息流转功能,且已在赛事安全管理等方面发挥重要作用。基于数字化平台的体育赛事管理新模式也将在未来呈现出更多变化:体育部门实时了解体育赛事的信息,可在赛前、赛中、赛后施以不同的管理手段,实现对体育赛事的全过程管理;体育部门可及时了解办赛主体在赛事运营过程中遇到的困难与障碍,进而及时与相关部门沟通,协助办赛主体更好举办赛事,而体育部门信息平台与其他相关部门信息平台的互联互通也极大提升了沟通效率;赛事活动信息对公众的即时公开将进一步提升公众对体育赛事的关注,为体育赛事发展注入更多活力。综合来看,数字化平台的应用将实现从对体育赛事的单一管理向管理与服务融合的深刻转变,为各类办赛主体带来降本增效红利,也为体育赛事及相关产业发展拓展更加广阔的空间。

二、数字技术在体育产业中的创新应用

随着数字技术的进步和对体育产业数智化的要求加强,对运动员比赛表现和身体状况的分析、教练对于比赛战术的安排、体育比赛的判罚、体育培训与教育、体育企业的管理和运营等方面产生了巨大的变化,根据相关部门对体育产业的统计分类,分析了数字技术

在体育竞赛表演、体育培训与教育、体育场馆服务、体育用品及相关产品制造、体育传媒与信息服务和体育企业管理与运行 6 个方面的数智化场景应用。

(一) 数字技术在体育竞赛表演的场景应用

体育竞赛表演作为体育产业的重要组成部分,相关部门在关于体育表演产业的指导意见中正式将体育竞赛表演产业纳入国家战略计划,并预计到 2025 年体育竞赛表演产业规模将达到 20 000 亿元。然而作为以观赏性为核心的体育竞赛表演仍存在赛事观赏性不强、赛事竞争力不足和消费者关注度不够等问题。数字技术赋能体育产业为体育竞赛表演产业提供破局力量。

数字技术对体育表演产业发展的促进作用包括以下三点:第一,增强赛事的可观赏性。充分利用新型转播技术、大数据以及人工智能、第五代通信技术、互联网等技术,不断提升互动交流、赛事转播、赛场解说、媒体报道等方面的综合服务水平,给消费者带来更丰富和持久的满足。第二,促进与各行业融合。在数字技术的驱动下,我国体育竞赛表演业边界日益交融,促进了体育竞赛表演业与旅游业、文化产业等相关产业融合发展,从而进一步促进了体育竞赛表演业的服务品质和产品质量的提升。如传统体育赛事主办方依托第五代通信技术、机器学习等数字技术实现数字赛事产品精准营销与服务。第三,助推资源合理配置。巩固数字底座,就是强化体育竞赛表演业中新基建的技术支撑,有助于体育竞赛表演业资源向市场流通,市场进而发挥决定性作用。如随着新媒体平台发展,人性化数字体验受到多方关注,数字直播领域创新悄然发生,例如美国职业篮球联赛、德甲足球联赛等纷纷在移动设备或社交媒体上尝试效果更好的竖屏直播。

近年来,随着数字技术和体育产业发展的需要,电子智能裁判开始逐渐走上赛场,规范裁判员的自由裁量权,树立良好的体育道德风气,提升赛事的转播质量,保证比赛的公平和公正。国际足联在 2022 年卡塔尔世界杯采用全新的半自动越位技术,为裁判提供更好的技术支持。在专用跟踪摄像头、足球内部的惯性测量单元传感器、目标追踪技术、人工智能技术和虚拟现实技术的帮助下,该技术能更准确、更快速地做出判罚,并且还能将由数据产生的三维立体动画展示在体育场的大屏幕上,以最清晰的方式展现给观众。由小冰公司研发的人工智能裁判与教练系统"观君",也在 2021 年 2 月的北京冬奥会测试赛中成功完成执裁。

(二) 数字技术在体育培训与教育的场景应用

在传统的体育教学当中,受限于教育技术的发展,许多教育理念、教育思路难以得到实施，导致教学效果不能尽如人意。然而在以区块链、互联网、物联网、数字孪生和混合现实技术等数字技术为支撑的元宇宙的助力下，能够实现对传统体育教育的提质增效。元宇宙对于传统体育教育的提质增效主要包括：第一，沉浸式教学。体育教育重视领域技能的实践性和操作性，脱离了场地环境、运动器材和运动氛围就很难达到既定目标。元宇宙通过混合现实组合技术将虚拟与现实深度融合创建的教育环境，不仅能促进线上线下学习的耦合发展，还能解放学习者的现实束缚，培养其创新能力和创新思维，提高学习者主观能动性和自我学习的自觉性。第二，支持个性化学习。元宇宙可以在海量学生数据的基础上，利用智能技术对数据进行分析处理，通过智能推荐使学习者可以结合自身优势和喜好实现个性化学习。第三，激发学习热情。此前，仅通过语言描述的技术动作可以在增强现实技术的支持下生动、直观地展现给学习者看，在元宇宙中，还能将学习者练习的视频在事后传输给学习者，学习者可以通过观察自己在不同场景下的表现提高对技术动作的理解。第四，发掘体育人才。在体育行业中，对于运动员的招募往往是基于运动员的个人表现数据来衡量他们是否具备良好的身体和发展潜力，然而仅靠统计数据（奔跑速度、射门精度和传球水平）是远远不够的，需要考虑更多更复杂的多因素指标，元宇宙利用数字技术（计算机视觉、机器学习等）来分析用户的统计数据、比赛视频和各类传感器收集到的数据，以此来发现具有潜力的体育人才。

（三）数字技术在体育场馆的场景应用

体育场馆的建设是一个城市规划建设的重要组成，是一个城市提升公共体育服务、发展体育事业的重要载体，在健康中国建设、倡导全民健身、增加民生福祉等方面发挥着重要作用。数字技术的发展、国内体育产业的快速发展、场馆智慧化改造刚需、体育消费升级呼吁场馆智慧化转型都为智慧化场馆升级提供强有力的支持。通过对国外智慧化场馆的研究分析可以发现智慧体育场馆主要以硬件配套设施为基础，增强用户体验为主要目标，提升技术服务为关键，注重节能、绿色为重要内容。场馆通过硬件基础设施，借助第五代通信技术、云计算、人工智能、交互技术和数字孪生等数字技术，不仅能为用户带来沉浸式的场馆观赛体验，还能借助使用智慧摄像头等设备采集到运动员的数据，利用数字技术进行分析、指导，充分发挥运动员实力，提高比赛的观赏性。通过发光二极管大屏幕、智能摄像机、虚拟现实转播等技术为用户打造沉浸式观赛体验。通过网页反馈服务系统和赛事手机应用软件，用户可以对自己的观赛体验进行反馈，场馆运营方可以以此为根据进一步提高服务质量。通过各种智能技术，为观众提供便利，例如俄罗斯足球世界杯的比赛门票内就含有非接触式芯片，只需将门票触碰设备，就能直接入馆，减少了观众入场等待时间。这些举措都能直接或间接提升用户的消费体验，增强用户黏性，促进用户的二次消费。而在绿色、节能方面，场馆可以通过与相关技术部门或各大高校合作，完善场馆内的能源供应系统和增加绿色能源设备的使用，在考虑运动舒适性、观赛舒适性的同时，改善场馆内空调系统能耗问题，对场馆内照明系统进行节能优化，增加可再生能源利用效率，通过场馆举办大型赛事，利用其影响力向观众宣传可持续发展理念。

（四）数字技术在体育传媒的场景应用

粉丝参与度作为重要的营销衡量指标，无论对于体育联盟、团队还是赞助商，都是营销价值和效果可视化的重要着眼点。知名体育运动员引发的粉丝效应对于体育用品消费有明显的促进作用，有助于推动体育消费结构提质升级。社交媒体和社交平台除在体育数字版权和赛事服务上发力外，还能通过体育内容精准开发受众群，赋权粉丝社群的情感表达、提高老年体育迷的集体自豪感等方式来提高粉丝黏性和粉丝参与度。数字技术在媒体和粉丝体验方面的应用有以下几个方面：第一，智能新闻写作。在数字技术发展的浪潮下，智能新闻写作工具应运而生，从2015年腾讯开发的新闻写作机器人到2016年今日头条的新闻写作机器人"张小明"，再到2019年中央广播电视台的"人工智能编辑部"。第二，沉浸式新闻播报。与传统的广播电视和网络视听服务等传统新闻传播媒介不同，在虚拟现实技术支持下的沉浸式新闻播报系统，受众可以通过虚拟现实眼镜或其他体感设备进入虚拟的体育新闻现场，获得沉浸式体验。第三，沉浸式观赛。元宇宙概念的提出、现实虚拟技术和第五代通信技术的发展，使得以虚拟现实设备为接入点沉浸式观赛成为可能，基于"人、场、物"重构的虚拟空间能给用户带来异质的沉浸式体验。某体育娱乐公司就致力于研发桌面体育播报系统，能够实现桌面增强现实观赛体验。2021年咪咕视频推出的增强现实眼镜，用户带上该眼镜在观看足球或篮球赛事时，只要通过转动头部，就可以实现社交互动、球队球员数据、商品展示区等不同区域的自由切换，是未来做到足不出户观赛的新形式。

（五）数字技术在体育企业运营与管理的场景应用

企业是为了满足市场的需要而存在的，企业是服务于市场的，因此数字技术对于体育企业的运营与管理的影响可以表现在其对体育市场需求和供给的影响。有效的体育产品供给是激发体育消费需求、释放体育市场活力的重要抓手。虚拟现实技术的发展使得传统的体育消费向沉浸式体育消费转变，增强了体育产品的科技感和新鲜感，深化体育事务消费向体验消费转变。人工智能中自然语言处理技术在吸引消费者方面的作用主要有体育商品评价分析、智能客服对话、社交言论分析、智能商品推荐和风险洞察，使企业能更好洞察市场需求变化风向、精准分析客户需求和行为变化，减少试错成本。

利用数字技术加强体育企业财务的风险预警对于体育企业的健康、安全发展也至关重要。企业数字技术的发展推动了企业智能财务与管理创新发展，催生了智能财务的战略转型和基本框架构建，增强了企业的管理创新能力，为提升企业的经济效益奠定了基础。智能财务不仅是智能技术的应用，还包括企业数据的全面共享，企业财务、业务和管理的高效融合，各财务部门的深度协同和财务业务的精细化管理。人工智能在体育企业财务风险防控中的应用主要有数据挖掘技术、自然语言处理、深度学习对财务数据进行汇总分类、财务数据核查和审核、财务数据推理及演绎、财务预测和经营决策。

第二节 数字体育高质量发展的"瓶颈"与对策

一、数字体育高质量发展的"瓶颈"

（一）政策落实力度不够，数字治理相对缺失

第一，"数字技术＋体育产业"政策条例不完善。目前未有专门性体育产业政策文件对数字技术赋能体育产业转型升级进行机理阐述和战略引导，在具体方案实施方面缺乏目标规划，限制了产业政策落地实施，现亟待制定国家、地区级的实施方案以推进体育数字产业示范区建设。第二，现有体育产业政策有待落实。相关部门关于体育消费的意见中提出给予体育企业财税方面的优惠政策，但受制于地方政府与企业之间缺乏工作协同和信息公开共享机制，致使政策落地效果并不理想，增大了体育企业数字化转型的压力。第三，数字体育法律法规有待确立。体育产业数字化过程中存在着产权保护、数据安全、隐私泄

露、产品维权、行业垄断等方面问题,因此需要建立专业性产业数字化融合发展的法律约束体系,为其市场监管和规制活动提供法理依据。

(二)技术研发投入不足,数字体育人才匮乏

第一,体育产业技术创新与投入不强。数据显示,我国体育企业中具有较大规模企业的科研经费投入强度平均仅为0.25%~0.27%,且体育产品研发的经费投入比例低于产品销售收入比例的5%~10%。在体育智能产品开发领域,自主创新能力不足成为掣肘体育新型材料研发、智能芯片制造和运动穿戴设备应用等关键技术领域成果转化的主要因素。第二,在信息技术、人工智能、互联网、大数据等技术领域,我国体育产业存在一定的人才缺口,尤其缺乏既精通体育经营与管理,又擅长构建数字技术应用方案的高端人才。从人才结构上看,相关报告显示,我国企业信息与通信技术人才占企业总人员的比重仅为1.0%~1.5%,这也间接反映出我国体育产业数字化人才相对短缺的问题,因此需要在体育科技类复合型人才方面加大培育和引进力度。

(三)企业转型风险较高,持续融资能力较弱

第一,体育产业数字化存在"市场风险"。体育产业领域尚未建立起完善的体育数字市场容错机制和风险规避机制,市场准入标准不一且企业缺少系统化的数字体育市场运营管理经验。从近年来国外某些服饰品牌相继关闭在中国的智能穿戴设备生产线即可看出数字化转型道路并非一帆风顺。第二,体育企业存在数字技术跨界风险。目前,我国体育产业主体大多属于传统的劳动密集型企业,技术储备相对有限且面临着来自其他行业的跨界竞争压力,科技企业进军健身穿戴设备领域,进一步压缩了体育科技企业的市场份额。第三,"融资难"影响体育企业的数字化转型实践,其上市交易能力不足是导致市场对其投资信心不足的主要因素。如2019年33家体育上市公司中,其中营收达到百亿的企业仅有5家,致使企业难以持续融资以推动产业转型。

(四)数字消费结构失衡,产品有效供给不足

第一,受区域经济发展水平、城乡居民收入差距、居民运动需求差异等因素影响,体育数字产品消费出现消费结构失衡现象。区域消费结构层面,体育数字产品消费市场整体集中在东部地区,中西部地区逐次递减且在优越的体育设施支撑下,城市居民人均体育数字消费和数字体育产品普及率始终领先乡镇地区。价格结构层面,不同价格区间的体育数

字产品影响居民消费倾向和关注度。如在健身休闲领域，2016—2020 年 1 500 元以下的体育运动穿戴用品销量高于 500 元以下、2 000 元以上的同类产品。第二，体育智能软硬件产品质量和功能有待提高。硬件方面，目前国内运动心率带、高尔夫测距仪、智能动感单车主要来自国外企业，国产占有率有待提高；在软件服务方面，体育产品与智能手机应用软件融合、体育服务业态与数据管理中台相融合也是体育企业进行产业融合的弱点所在，因此需要提高产品服务软实力。

二、数字体育高质量发展的对策

（一）加强顶层设计与协同治理，营造体育产业数字化发展的制度环境

第一，体育相关部门应坚持实事求是的方针，制定出与之相适应的、具有较强专业性和实用性的政策条例及配套方案，明确体育产业数字化转型的发展布局、重点任务、预定目标和具体实施步骤。同时，应注重政策的衔接性与连贯性，根据体育产业区域发展水平客观合理地拟定出符合当地实情、彰显地方优势的产业数字化转型计划。第二，应完善财税政策，加大对体育数字产业的财政投入力度，扩大税收减免、退税、专项补贴等优惠政策的供给水平，缩短中小企业产业扶持的行政审批流程。第三，应加强数字体育产业相关的立法工作，制定适用于体育产业数字化发展的专业性法律法规、行政条例及管理规范，对其技术非法转让、数字产权剽窃、平台垄断等行为加以规制，同时对于网络安全、数据交易等方面的市场风险行为应加强防范与惩治力度。

（二）加大科技投入与人才培养，夯实体育产业数字化发展的要素保障

第一，体育产业应重视自主创新能力，加大数字技术研发的资金投入，争取在关键技术领域取得重大突破，减小外部技术依赖并强化科技成果的应用转化，以提升产业效益为最终目标，推动数字技术要素转化为核心生产力。第二，体育产业应坚持走"引进+自主创新"的技术融合路线，建立区域性产业数字化的研发、咨询、运营与管理中心，为中小体育企业数字化发展提供经验借鉴。第三，体育产业应加强多方合作，探索"政产学研用+人才服务平台"为一体的数字化人才培养与人才输送体系，主动吸收来自其他行业的数字化人才并推动专家咨询机制建设，组建能够提供产业数字化决策意见的"体育智库"。

（三）强调主体建设与风险管控，提升体育产业数字化发展的竞争活力

第一，应鼓励体育科技企业的区域性布局，充分发挥长三角、京津冀、粤港澳大湾区等地区性体育智能产业的技术创新优势，以大型体育数字化企业为节点，推动中小型体育制造企业参与数字化连接，进而形成产业链数字生态。第二，体育服务企业应积极延伸体育产品的服务价值，开发具有人机交互、虚拟体验和自助服务的商业模式，以发掘新兴市场。第三，体育产业应完善产业数字化商业保险机制和风险投资机制，积极引导风投机构进行长期投资，发挥资本市场的激励作用，同时要建立体育企业数字化转型的重大风险熔断机制与企业破产保护机制，适度降低市场退出门槛，维护企业正当合法权益。

（四）注重市场宣传与品牌推广，壮大体育产业数字化发展的消费市场

第一，应以骨干体育企业为核心，提高体育数字产品与服务的供给质量，以维持高精尖产品的市场"存量"，同时以中小企业为主体，向市场投放大量大众化、普惠化、高性价比的数字体育产品以扩大供给"增量"，在供给侧加速体育数字市场的形成。第二，体育产业应助力乡村振兴战略，推动数字化绿色产业链向资源禀赋充足的中西部地区以及交通条件较好的乡镇地区转移，以产业兴旺为基石带动地区就业和经济发展，为当地群众参与数字体育消费奠定良好的物质基础，促进体育数字市场的均衡发展。第三，要推动现有市场中数字体育产品的多元化、差异化、高端化供给，通过增强企业产品质量的方式来塑造品牌形象，实现收益的稳健增长并以提高数字体育产品服务的信誉水平为指导原则，增强用户对品牌的长期忠诚度。同时，体育企业应进一步推动产品销售信息、用户个人反馈信息的平台化与可视化，对智能体育产品与服务质量问题及时做出反应，形成网络化的产品售后服务机制。

第三节 数字体育的高质量发展趋势

随着世界竞技体育科技的发展，特别是竞技游戏与竞技娱乐产品的开发与应用，大众化的数字化体育产品和服务逐渐进入大众的视野并得以体验。我国政府在数字化体育科学技术方面的重视程度与资金投入逐年递增，与世界数字化体育发展的步伐与趋势相一致，

发展相当迅速，市场潜力巨大，目前已取得了一些比较显著的研究成果，如我国已有研究者运用计算机的三维立体数字可视技术，通过对人体器官结构图像的分割与立体重建，建立了人体结构数据库，为运动实践与体育科研共享数据库资源奠定了扎实的基础，对促进我国体育事业发展具有重要的现实意义。

一、数字化体育的发展趋向全球化

在数字技术发展原始阶段，数字化科学技术仅是为完成某些特定的任务而创造出来的局部性变革，但随着数字技术应用范围在全球的扩大以及全球体育信息资源在短时间内的快速传递，数字技术迅速应用和融合在体育领域，取得了无限拓展，并潜移默化地改变了体育的发展方向。数字化体育时代的到来为运动爱好者开展全球性、跨区域交流提供了便利，使全球体育运动爱好者们获得快速、丰富、专业的运动体验。人们通过网络向自己分布在世界各地的体育运动好友描述每日进展，包括每日的天气状况和路况信息，自己的训练内容、方法、技巧和特点以及自己所挑选的特定路线等，甚至可以添加备注详细叙述自己的运动经验。

二、数字化体育活动场地多元化

随着人们健身理念的增强和国家健身计划的推广，人们对体育场馆场地等设施的需求越来越明显。但由于城市人口密度大，公共体育服务场所的投入远跟不上城市扩张及大众对体育的需求，造成可供大众使用的体育锻炼场地场馆不论从质量上还是数量上都与实际需求相对存在一定的差距。长此以往，便会影响到群众参与体育活动的积极性。与传统体育运动不同，数字化体育摆脱了环境和时间限制，使人们可以不必局限于大型的体育运动场馆或场地，不必特意抽出半天或一天的时间用于体育运动，而是最大限度地利用好周围的空间和有限的时间即可。

借助于数字体育技术，人们可以在公园、小广场、林荫道、学校甚至在家里的部分区域，利用零零碎碎的时间完成体育锻炼。某些公司开发销售的电视游戏机，涵盖了足球、篮球、高尔夫球、美式橄榄球、拳击、赛车和网球等领域，通过数字化体育的视频动作捕捉技术和读取分析技术，将玩家的身体动作与手势动作反映到体育游戏中去，帮助体育运动玩家们通过全身的协调配合，参与到专业的体育项目中去，犹如亲身参与到比赛中一样。同时深圳市某电子有限公司计划打造一个云计算数据中心，所有体育爱好者的运动数据都可以放到云端一起对比和讨论。摆脱了时空限制的数字化体育不仅扩大了体育活动的受众，也提高了大众参与体育活动的积极性与乐趣，人们可以自由无阻地进行身体锻炼以及体育活动社交之类的群体交流。

三、数字化体育服务对象大众化

数字化体育的出现满足了人们对体育运动的不同需求，提供给不同群体多样的锻炼方法、身体健康标准与测试方法，并且能够通过快速便捷的网络服务技术，针对不同层次体育用户提出的具体问题，提供实时的信息服务，并不断延伸信息服务的深度和广度，形成一系列数字化体育信息服务体系。数字化体育的出现基本解决了以往只注重青少年群体体育锻炼的问题，开始更多地关注和满足老年人、儿童等特殊体育人群的专业性、时效性、连续性、多样性的服务需求，使体育服务的功能更加全面。

数字化体育注重以不同层次运动人群的多样化体育需求为中心，深入了解各层次体育受众人群的运动行为，响应个体的运动需求，为每个体育运动爱好者提供属于自己的专业的个性化服务，这意味着数字化体育不仅适合青少年，也适合老年等群体。某品牌2012年推出的腕带不仅可以对青少年、老年等不同人群完整地显示运动时间、运动距离、热量消耗值和步幅等运动数据，还可以将这些运动数据完整地存储起来，帮助不同人群在短时间内全面了解和掌握自己的日常锻炼、睡眠习惯和营养状况，为不同人群打造属于自己独一无二的运动计划和最佳的锻炼方案，以激励不同运动人群激发乃至超越自己的潜力。

第五章　数字经济驱动体育产业高质量发展的路径

第一节　加强数字技术在体育产业中的应用

实践中，信息技术应用服务体育事业的项目主要体现在：体育电子政务、运动会信息技术服务、信息技术辅助支持奥运会/亚运会备战训练、体育场馆弱电系统工程建设、数字健身设备研发、体育产业与市场统计、数字体育教育等方面。

一、体育电子政务

电子政务是指借助电子信息技术而进行的政务活动。电子政务通常主要有三个组成部分：政府部门内部的电子化和网络化办公；政府部门之间通过计算机网络而进行的信息共享和实时通信；政府部门通过网络与民众之间进行的双向信息交流。电子政务中，电子是手段，政务才是关键。近年来，在实际体育实践工作中，有关部门相继组织开展了体育电子政务建设项目。

为推进体育信息化进程，有关部门成立了体育信息化领导小组，拟从组织上加强体育信息化工作。到2004年，全国有16个省市和计划单列市体育局也相继成立了体育信息化领导小组。

二、竞技体育活动中的信息技术应用

(一)奥运会/亚运会备战训练活动中的信息技术应用

随着竞技体育的深入发展,各运动项目成绩已越来越接近人类体能的极限,因此创造新的记录越来越困难。而信息时代,以计算机技术为基础的信息技术无疑为运动训练提供了实现新超越的科学基础。为了能够在接近极限的区间内再创佳绩,世界各国不遗余力地开发信息技术,并及时将其成果应用在体育科学研究和运动训练上。大量高新技术不仅应用于奥运会组织、建设工作,同样也融入到了奥运备战活动之中,尤其是信息技术应用,这为提高竞技体育成绩和改进训练方式提供了可靠的方法。我国奥运备战活动中的信息技术应用日益增多,并且越来越受到重视。我国奥运会/亚运会备战活动中的信息技术应用主要表现在以下方面:

(1)国家队训练监控实用管理软件的开发与应用。

(2)视频仿真训练技术应用。

(3)保障性备战管理工作中的信息技术应用等。

在我国奥运备战活动中,科技攻关工作占有重要位置,相关部门以设立"奥运会科研攻关研究项目"的方式,加强了科学训练和科学备战管理的力度。信息技术研发与应用已成为我国奥运科技备战实践活动中的一类重要内容。

(二)运动会中的信息技术应用

从1912年斯德哥尔摩奥运会首次采用电动计时器和终点摄影设备以来的近百年里,计时记分系统、终点摄影系统、广播/电视转播系统、计算机和综合信息处理系统(含现场成绩处理、技术统计)、局域网/广域网的应用、运动会组织管理系统、公众信息服务系统等技术在奥运会中逐步得到引进应用。

近百年来,不断发展的信息技术对现代奥林匹克运动的影响作用日益明显。计时记分系统有效维护了公平竞争的体育价值理念;电视转播技术的应用,促进了体育的世界性传播,推动了奥林匹克运动的国际化进程;在活动组织方面,无论是提高运动会组织效率的需求、活动经费来源,还是安全的保障,奥运会都越来越依赖信息技术的支持,同时它也因此受益并得到了更好地发展。

自 1987 年第六届全国运动会开始，我国大型综合性运动会逐步开展了电子信息技术系统服务业务。随着运动会的不断发展和技术服务水平的不断提高，信息技术在我国综合性运动会中所起的作用越来越重要。因特网技术、通信技术、计算机技术、显示技术、测量技术等先进高新的信息技术几乎已经融合到体育竞赛的各个方面。

三、体育场馆建设中的信息技术应用

当今社会，为满足运动会要求的体育场馆，智能化建设越来越受到重视。随着运动会电子计时记分和成绩网络发布技术的全面应用，一定水平之上的体育赛事基本都要采用电子计时记分和网络信息发布技术，赛事组织者往往要求准备承接大型体育赛事的体育场馆必须具备一定的信息化基础环境条件。为此，在体育场馆新建和维修改建中，智能化建设项目就成为必需品。同时，大型体育场馆往往也是城市的一种标志形象，大多期望该建筑更具现代化、时代性，而信息技术是最能够表现其现代化和时代性的一种手段，因此信息化、智能化也越来越成为其追崇的目标。20 世纪 90 年代落成的上海八万人体育场馆的建设者们，在参照智能大厦控制技术、同时结合体育比赛需求的基础上，建成了中国第一个包含多种弱电系统的信息化和智能化体育场馆，从此开启了中国体育场馆现代化建设的道路。20 世纪末，武汉体育场馆借鉴上海八万人体育场馆建设经验，以创新为主导，进一步充实了弱电系统内容，致使体育场馆智能化水平得到提高。进入 21 世纪以来，南京奥体中心在建设中采用了大量的弱电技术，围绕十运会需要，扩大了网络系统的规模和视频信息含量，进一步增强了快速上网能力，信息化有了突出的表现和很高的应用价值，使运动会信息服务层次再上新高。目前，体育场馆智能化系统技术主要包括：计算机网络系统、综合布线系统、视频监控系统、现代通信系统、卫星接收及闭路电视系统、背景音乐及应急广播系统、建筑物设备控制系统、安全防范系统、检/售/制票系统、系统集成系统、多功能厅/会议室装备、机房工程、消防报警系统等内容。

总之，在大量实践尝试和深入认识体育场馆功能需求的基础上，体育场馆弱电系统内容不断得到深化和细化。如今，我国体育场馆建设已进入一个全新的历史发展阶段，即智能化、信息化新阶段，相关实践总结和理论探讨亦越发显得必要。

四、群众体育活动中的信息技术应用

国民体质测量与评价是我国群众体育管理、服务工作的一项重要内容。针对测量对象的多样性和大数量，自动化技术就显得十分必要。目前的体质测定系统设备已部分解决了测定的自动化问题，所测试的各项指标数据大都记录在磁卡里，由磁卡将数据读取到计算机里，再根据相关数学模型进行个性化评定。另外，为使体质检测工作更为方便灵活，在相关部门和有关机构的支持下，相关科研所设计了"国家国民体质检测车"及其配套体质评价系统。国民体质检测车的车载网络系统可以将所有检测数据汇总到终端计算机进行处理，以保证检测结果快速、翔实、准确，被测者在完成全部检测之后可即时拿到自己的检测报告。

随着信息技术的不断进步和在体育领域中的大量技术引进应用研发，还出现了一种用计算机模拟的人工环境代替现实世界真实环境的数字健身器材，如网络虚拟现实健身车、网络虚拟现实跑步机、数码乒乓球、数码网球、数码拳击手等。健身器材与计算机虚拟现实技术相结合的数字健身器材，以其卓越而自然的人机交互方式，带给人们身临其境的感觉，构成了虚拟现实的健身活动方式，有助于健身者在愉悦的环境里进行锻炼，达到健身目的。

随着计算机技术的大量应用，我国群众体育管理活动也越来越系统化、规范化。计算机管理系统用于处理群众体育健身、群体管理工作日常事务的方法手段也已初露端倪，如：群众体育管理系统、健身指导员管理系统、在线数字健身指导系统等。

五、体育产业活动中的信息技术应用

在我国体育发展的整体进程中，体育产业已经成为一个具有相对独立性并能够为国民经济发展服务的新兴市场活动集合体，它也正在并越来越多地采用现代信息技术、网络技术、计算机技术手段。由信息技术支撑形成的体育竞赛技术统计数据、体育市场分析数据、健身休闲数据（如体质数据等）、体育产业统计数据等在被媒体报道所采用的同时，也吸引着大众和投资人的目光。未来我国体育数据的价值也会越来越明显，并逐步为人们所重视。快速采集、分析体育竞赛表演统计数据以及用来实时统计监测体育产业发展状况的信息技术应用实践会日益增多。随着我国电子认证技术的不断完善和信用体系的逐步建立，体育电子商务也将会得到新的发展。

伴随体育改革的日渐深入，体育资源将得到进一步开放，作为一种有效市场手段，信息技术在体育产业活动中的应用领域将会越来越广阔。

六、体育教育活动中的信息技术应用

随着科学技术的不断深入发展，现代信息技术已开始逐渐向学校体育教育领域发展，并已逐步成为推动学校体育教育事业发展的强大动力之一。

教务管理是学校管理的重要方面，不论是体育院校还是非体育院校的体育教学工作都有其特殊性，因此在教务管理信息系统中也有重要体现，如体育成绩管理系统等。

图书馆也正在改变其传统的服务方式，取而代之的将是以计算机技术和网络技术为主的数字图书馆服务模式。体育数字图书馆建设是指以体育文献数据库为基础建立的数字图书馆。目前，我国体育文献数据库种类较多，从形式上分，有文字型、数字型、图像型以及多媒体等多种类型的数据库；从内容上分，有科研文献、运动成绩、大型比赛、体育管理以及产品商家、大众娱乐健身等多方面内容的数据库；从载体上分，有光盘和网上数据库等；根据不同语言而具有不同格式和不同语种的数据库。

多媒体技术在教学过程中的应用体现了现代教育技术发展的需求。在学校体育教学过程中运用教学课件等多媒体技术辅助教学，带给学生一种新颖体验。多媒体教学技术通过文本、图像、音频、视频、动画等形式，可以有效激发学生学习体育的兴趣，同时以形式多样、生动活泼的教学方式、手段来满足现代学生对学校体育教学的新需求。

利用国际互联网进行成人远程教育，已经成为当前教育实践的热点，同时也是改善目前教育资源不平衡及短缺现象的可行方法。体育院校成人高等教育一般采用函授和面授相结合的形式进行，引入现代教育技术、改进教学方式、形成新的函授教育模式是目前我国体育院校成人教育急需解决的问题。

虚拟体育博物馆：虚拟奥运博物馆是"数字奥运"重大工程项目之一。它的内容主要分为两个部分：第一部分是对比中西方古代体育文化项目；第二部分是通过三维实时仿真、大场景图像多通道实时输出等先进技术，实现奥运比赛项目仿真模拟，虚拟再现历届奥运历史，展示奥运比赛精彩镜头，虚拟漫游北京2008奥运场馆等，尤其展示近代奥运会以来我国对奥运会所做的贡献。"虚拟奥运博物馆"是世界上第一个在因特网上全面介绍多元文化背景下奥运会历史、沿革和发展的博物馆，它以奥运会历史为主题，以博物馆学为基础，采用计算机技术、新媒体艺术等相关学科的最新研究成果，来展现奥运历史文物，重温奥运英雄业绩，弘扬奥林匹克精神。虚拟奥运博物馆将充分表现多元文化对奥林匹克、人类生活等各方面的影响。同时，它还将充分展示我国古代体育文明及中国对现代奥林匹克的重要贡献等内容。

第二节 促进数字体育产业实践探索及创新体系设计

一、理论指导实践的初步尝试

在开展理论探索的同时,"数字体育"研究项目组尝试用理论思考成果指导、主动组织或积极参与开展了各种相关数字体育实践活动,包括:参与组织开发国家队管理应用软件、组织篮球比赛计时记分设备的监制研发、组织开展体育场馆弱电系统建设工程体育竞赛工艺咨询、组织参与体育场馆电子屏幕技术标准的研制、组织落实承办全国体育信息科技大会和体育信息产品展览会活动等,拟以实践效果验证数字体育理论的科学性及其社会价值作用。"北京科技奥运中的数字体育"课题组成员在这些实践活动中都发挥了一定的骨干作用。

(一)参与组织开发国家队管理应用软件

1. 组织开发国家队系列管理应用软件

国家体育总局体育信息中心,协助职能管理部门解决相关实际问题,同时探索该机构发挥体育信息业务指导职能、推动体育管理信息化进程的有效途径。北京成功申办奥运会,国家对体育事业给予了前所未有的重视和支持,备战奥运工作也得到了国家财政的大力支持,这为研究解决运动员管理信息化问题提供了一定的项目资金保证。

在国家体育总局奥运攻关科研项目经费支持下,国家体育总局竞体司和体育信息中心的有关领导、干部和专家组成了专门的科研项目组。通过走访调查、逻辑分析、软件编程等方法,项目组对国家体育总局竞体司、经济司、人事司等相关职能部门就"国家队管理信息"问题开展了需求调研,重点开展国家队运动员基本情况、训练计划管理、经费分配管理、奖励管理等信息管理需求调研。在此基础上,分析各需求信息间的内在逻辑关系,设计管理信息系统,研制相关信息管理软件,积极协助职能部门调试、应用计算机软件于相关管理工作之中,初步形成了一种全面采集、方便查询、快捷处理、自动统计的国家队管理信息支持系统,具体包括以下功能内容:中国体育代表团参赛报名;国家队训练计划统计；国家队经费预算分配；运动队奖励分配；重点运动员信息管理。

这些信息化应用管理软件，曾被总局有关职能部门及 20 个运动项目管理中心等单位广泛运用，提高了相关管理工作效率，取得了较好的社会效益，对推进国家体育总局国家队信息化管理工作发挥了一定的促进作用。

2. 组织开发国家队专用器材购置管理系统软件

为搞好备战 2008 年奥运会国家队专项器材配置、投入管理工作，在国家体育总局经济司的领导、支持下，体育器材装备中心、体育信息中心等单位的领导、干部、专家承担了"国家队专用器材装备配置标准及其管理信息系统的研究"奥运攻关科研项目。在 2003—2005 年，项目组通过深入国家体育总局 14 个运动项目管理中心、95 支国家运动队组，运用实地走访、问卷调查、文献分析、数理统计等方法，研究了国家队专项器材配置现状、结构，科学设计了国家队专项器材基本配置量和配置定额，为国家体育总局向财政部申报备战 2008 年北京奥运会专项器材购置经费预算、制定安排年度专项器材配置经费方案提供了参考依据。同时，所研究起草的相关管理办法以及据此开发的"国家队专项器材管理信息系统"，为科学申报、采购、管理国家队专项器材提供了有效规则和手段。

"国家队专项器材管理信息系统"软件主要是依据相关专项器材管理办法在调研建立国家队专项器材配置标准基础上，利用可执行文件格式和组件技术开发的。该管理软件在 2004 年试用以及 2005 年、2006 年、2007 年的全面推广应用中，取得了较好的效果，基本满足了国家体育总局经济司、14 个运动项目管理中心、财务结算和审计中心等部门在国家队专项器材经费预算、计划、审批、购置等方面的信息化工作需求，首次尝试性地实现了国家体育总局系统内基于因特网技术的"一站式"服务，创新实现了多角色同步操作和管理者的实时监控工作局面，该成果在改变申报、审批、购置国家队专项器材的盲目性、防止国有资产流失等方面发挥了管理作用，为运动队了解存量、更新安排使用计划提供了方便，而"一站式"快速网络服务则较好地发挥了信息化的效率作用，有力支持了国家队备战北京奥运会的保障工作。

（二）组织篮球比赛计时记分设备的监制研发

在中国篮球协会（简称"中国篮协"）的支持和国家体育总局体育信息中心领导的专业指导下，来自中国篮协、体育信息中心、北京蓝星达科技公司的专家组成了专项研发组，在深入调查研究的基础上，该组成功研发了新型篮球计时记分系统设备。该套设备良好实现了设计功能,如:能够适时统一同步向场馆电子屏幕、24秒计时牌、转播电视台输送比赛信息(比分、局比分、犯规、暂停、换人、换局、个人得分、个人犯规、比赛时间、24秒计时)等,表现出了系统合理性、操作简便性、应用稳定性、信息同步性等性能特点,基本符合篮球比赛的技术支持要求。

该设备还弥补了我国体育场馆专用计时记分系统设备的技术不足,具有较大的扩展功能和较广的应用领域和前景。

(三)组织开展体育场馆弱电系统竞赛信息服务工艺咨询

近年来,体育场馆新建、维修工程较多,在场馆建设如何满足体育竞赛需求方面,还没有完善、权威的竞赛信息服务工艺标准。为适应体育竞赛组织要求,许多新建场馆的业主向国家体育总局咨询意见。作为常年从事体育竞赛电子信息技术服务的机构,国家体育总局体育信息中心拥有大量的实践经验,于是,在中心领导的启发、支持和专业指导下,依托体育信息中心咨询部管理平台,本课题组团队针对体育场馆业主需求,尝试组织开展了体育场馆建设弱电系统工程体育竞赛信息服务工艺咨询业务。

(四)组织参与体育场馆电子屏幕平板显示器技术标准的研制

随着我国体育事业的蓬勃发展,平板显示器显示技术已在体育场馆中被广泛应用。制定相应的行业标准,可以为该显示屏安装、使用以及检验提供依据,这也是实践提出的要求。因此,当了解到国家体育总局即将组织制定平板显示器技术标准时,在体育信息中心领导的支持下,本课题组及时沟通相关机构,促使体育信息中心成为该标准的主要起草单位之一,经有关部门批准,本课题组主要成员有幸参与了该标准编写组的研制起草工作。

标准编写组在参考游泳、田径等单项运动协会的竞赛规程及有关文件对平板显示屏的标准要求及其他电气、光学、建筑等行业的相关标准、讨论全国体育场馆建设经济条件、分析国内平板显示屏的生产水平、总结十多年来体育场馆显示屏在体育竞赛方面的应用经验、同时结合我国现实情况的基础上,起草了"体育场馆平板显示屏技术标准"征求意见稿,该稿对平板显示屏显示字符、视距和字符高度提出了具体要求,规定了体育场馆用该显示屏的定义、分类、使用要求、检验方法及合格判定规则。征求意见文稿在先后征寻体育总局有关运动项目管理中心、国内14家体育场馆和一些大型平板显示屏制造商的意见之后,修改并最终确定。

（五）参与组织落实承办全国体育信息科技大会和体育信息产品展览会活动

全国体育信息科技大会和体育信息产品展览会是国家体育总局体育信息中心为适应新形势要求而创新组织的由国家体育总局举办的全国性体育信息科技学术、技术、产品交流、展示活动。截至2022年，全国体育信息科技大会及体育信息产品展览会活动共举办了十四届。

1. 全国体育信息产品展览会招展组织活动

体育信息产品展览会是其中的重要组成部分，组委会期望通过动员相关企业以展示自身技术产品的方式，形象地反映信息技术在体育中的应用情况，在为企业搭建相互交流、市场宣传平台的同时，全面展示信息技术对当代体育的融入和支持状况，启发、认识信息时代发展体育的新手段。办理完相关批件手续后距会议举行仅剩下不到两个月的时间，展览项目组创新落实了展览会的主题设计、征招展商、服务展商、组织参观、媒体宣传等各项工作，保障了活动的有序进行。

为明确思路、制订招展计划、吸引企业参与，特设计展会主题为"信息技术在体育中的应用展示"，集中以"数字体育专区"形式展示，专区内部分别划分为：数字体育管理、数字运动会、数字训练教学、数字体育建筑、数字健身、数字体育媒体六个分区。根据上述设计，项目组在调查获得相关领域专业单位和优秀企业名录的基础上，分别通过电话、邮件等方式进行沟通，分类说服这些机构参展。结果共动员了45个机构参加了两个展区、近百个展位的展览活动。

展会期间，国家体育总局和北京奥组委领导以及来自国家科技部和信息产业部相关部门、国家体育总局多个直属单位、许多地方省市体育局、中国计算机报社等多个单位的负责人或有关干部出席了开幕式，参观了展览。为使更多的体育专业人士观看展览、感受体育信息技术应用进展、交流学习体育信息技术成果，在展览期间，还专门联系了北京多个体育专业院校，宣传体育专业教职员工、学生前来观展。

为更好地宣传此次展览活动，也使参展机构得到必要的宣传回报，展览项目组还对媒体宣传、采访进行了专门的组织。其中包括向新浪网、华奥星空网、中央电视台科技博览栏目等主流媒体发送了展览会新闻稿件，重点引导中央电视台科技博览栏目开展相关报道，协助北京电视台科技大视野"科技全方位"栏目对展览会进行了专题采访，并在此基础上制作了6集"科技奥运与数字体育"系列专题报道节目。

在服务展商方面，项目组成员和相关承办单位人员一起，共同组织了展商设备托运、布展安装、展期问题咨询、撤展等各项工作，期间未出现任何差错和纠纷。

本次展览会最后取得了较好的效益。从国家体育总局和相关事业单位领导以及信息产业部、北京奥组委相关部门领导参观时的满意态度以及多个媒体机构的全方位报道表明，体育信息中心全面宣传了自己的形象和职能，体现了行业带头作用，展示了职工的团结力量和创新能力，实现了预期的目标，取得了较好的社会效益。同时，许多展商也得到了应有的回报，如通过展览交流，展商间、展商与参观者之间达成了一些合作意向；有些展商利用此次机会向奥组委介绍了自己的产品；通过媒体对展会、展位的宣传报道，展商展示了自身的机构形象；有些展商还对与相关体育机构建立了联系渠道而感到满意。

展览会后，项目组对参加此次展览活动的机构情况进行了分析总结。

展商机构类型、所在地域分布、技术应用领域情况，反映了实现信息技术应用体育实践的机构多是体育系统外的企业，而体育系统内部组织应用机构多为事业单位。反映了信息企业对参与体育的热情以及体育信息专业事业机构的技术引导责任。

2. 全国体育信息科技大会及体育信息产品展览会组织活动

展出的技术和产品，集中展示了我国体育电子政务、运动会电子信息服务、体育场馆智能化建设与会员管理、运动训练专家系统、健身体质测量等多方面内容的体育信息科技成果。其中，中科院计算技术研究所展示的第二代互联网技术尤其引起了参观者的注意，尖端技术在开发阶段就能够寻求与体育实践的有效结合，突出反映了信息技术在体育领域中的应用深度。由武汉市专门组织的"六城会"专区也吸引了各位嘉宾、参会代表和参展商的关注。本次展览活动在展示宣传体育信息技术产品成果、提高体育工作者对体育信息技术应用技术及其作用价值的认识、促进参展机构之间的技术交流等方面取得了成效，达到了本次专业展览活动的目的。

在同时召开的体育信息科学大会中，分别举行了政府主报告、运动会与运动训练信息技术、体育场馆智能化建设及其他体育信息技术等专场论坛活动。在政府主报告专题中，国家体育总局办公厅、国家体育总局体育信息中心、国家信息产业部信息化推进司、武汉市信息产业局等单位领导分别就国家信息化推进状况、体育电子政务建设现状、体育信息技术应用等方面作了专题报告；在运动会技术专场论坛中，北京奥组委技术部、奥组委赞助商中国移动、搜狐公司代表以及国家体育总局体育信息中心专家分别就我国及北京奥运会组织工作中的信息技术应用设计作了专题发言和技术交流，中科院计算所向大家报告了视频仿真技术在国家队训练中的开发应用情况;在体育场馆智能化建设及其他体育信息技术专场论坛中,清华泰豪智能科技公司、广东信息工程公司、安徽科大讯飞公司、美国科罗拉多时讯科技公司代表分别就体育场馆智能化建设、运动会计时记分和声讯服务等技术作了精彩演讲,受到了近百位专业参会者的好评。大家普遍认为,会议内容涉及面广,演讲报告权威性、科学性水平较高,所介绍的各种相关技术实用性较强,参会代表之间达成了相互了解以及专业学习、交流、合作的目的。

"全国体育信息科技大会暨体育信息产品展览会"的成功召开,对我国推进体育电子政务建设,提高运动会组织、科学训练、大众健身等领域中的信息科技应用水平产生了积极的影响,对深入贯彻国家信息化发展战略、推动我国体育信息化进程发挥了一定的促进作用。同时,通过承办会议,国家体育总局体育信息中心也宣传了形象,扩大了影响,得到了交流,受到信息科技界的认可和好评,进一步树立了该机构在体育信息专业领域的权威地位,对今后在更大范围内拓展体育信息业务创造了条件,积蓄了资源。

应该说,上述两次大型活动的举办,体现了国家体育总局领导对信息科技支持发展体育事业的重视,体现了体育信息中心的创新工作思路及其较强的系统组织领导能力和全体职工的协作精神、团结力量,同时也反映了"数字奥运"机遇所带来的社会机构参与热情。而"数字体育"理论成果则为此活动在专业方面的具体组织落实发挥了一定的思想指导和设计参考作用。

二、创建"体育信息技术创新应用体系"对策建议

(一)深入认识数字体育实践活动规律

数字体育实践中所形成的体育信息技术创新成果,对发展我国体育事业具有重要价值。因此,认识数字体育实践活动规律,推动建立体育信息技术创新应用体系十分必要。

通过体育信息及信息技术文献分析及亲身参与具体实践活动,课题组对数字体育实践活动规律进行了初步总结归纳。

1. 信息技术进步推动运动会电子信息应用技术的发展

从历史上看,许多最新信息技术成果都能够很快应用于大型综合性运动会的组织活动之中。1964年世界上第一个采用集成电路的通用计算机系列研制成功,同年在第18届东京奥运会中就首次使用了电子计算机和电动计时装置协助裁判工作;20世纪六七十年代,

世界出现了由大规模和超大规模数字集成电路组装成的第四代计算机，而1972年在第20届慕尼黑奥运会上就广泛使用了最先进的自动控制、信息传播和处理、电子计时测距等信息技术，由此而留下了"技术奥运会"的美称；1991年美国加州理工学院推出了大容量并行处理系统，标志着第五代智能计算机诞生了，而1992年巴塞罗那奥运会就创新建立了全传运动操作系统；20世纪80年代，互联网技术得到发展，1992年巴塞罗那奥运会就引进应用了局域网，1996年亚特兰大奥运会首次出现的由计算机网络系统支撑的比赛组织管理系统，从而实现网上了解奥运；2000年悉尼奥运会建立了奥运会知识管理系统，实现了宽带看奥运。信息技术的应用也推动了奥运会的发展，带动了各单项联合会、各国家对信息技术的广泛关注和应用。

2. 运动会数字技术应用所体现出的方便、快捷、效率优势促进了信息技术在体育领域中的广泛、高水平应用

广泛应用包含广泛的数字技术应用于广泛的体育领域双重含义。奥运会电子信息技术服务成效，让体育工作者认识了信息技术所特有的方便、快捷、高效等优势，影响和推动了信息技术在我国体育领域中的广泛、高水平应用。洛杉矶奥运会上的计算机应用经验很快被我国1985年筹办的北京亚运会工作所参考，为满足办公自动化工作需求成立的原国家体委体育电子中心很快就开始从事运动会电子信息服务业务，技术研发、支持我国全运会组织工作，直至今日。目前，数字技术已应用于我国宏观管理、群众体育、运动训练竞赛、体育产业等广泛体育实践领域，而涵盖众多内容的技术群也已广泛出现在多种体育实践活动之中，如应用于办公自动化、竞赛信息处理的计算机技术、自行车运动风洞试验的仿真技术、越野赛车中的全球卫星定位通信技术、多媒体图像指挥视频系统中的宽带数字化通信技术、帆板遥控指挥训练中的无线移动通信技术、体育政府网站建设中的网络技术、转播体育赛事的广播电视数字设备、人机国际象棋赛中的人工智能技术、实现多语言智能化信息服务的纳米晶体管技术、悉尼奥运会帆船比赛中的海上数字模拟直播虚拟技术等。这种"数字体育"的广泛性随着技术的进步、体育的发展、社会认知度的提升将会无限拓展。

3. 数字技术的创新发展及其与体育实践的有效沟通是数字体育技术创新应用的必要条件

体育数字技术应用属信息技术应用体系中的一个重要方面，其前提是世界信息技术有足够的创新发明水平，没有不断创新的信息技术，就不会有体育数字技术应用的快速发

展。同时，体育数字技术应用的发展也受制于社会平均信息技术应用水平。

在体育数字技术创新发展中，企业的主体作用不可忽视。在我国运动会电子信息技术服务历史上，国家体育总局体育信息中心下属企业——北京奥实体育计时服务有限公司有过许多技术创新应用成果，也正是在这种不断创新应用中，该机构获得了权威地位和有效发展；2004年全国体育信息产品展览会上，来自体育管理系统内外的企业结构占83%的比例数据部分反映了企业创新应用对发展体育事业的贡献大小。当然诸如江西体电所、昆明体电所以及哈尔滨科技大学、海河大学等科研院校机构也是体育数字技术创新应用的重要主体构成部分。数字技术创新应用必须与体育需求有效沟通才能真正实现高效应用。常设畅通渠道和专业技术中介专家团队是实现有效沟通的必要条件。

4. 体育部门明确需求、高度认同和强力组织是数字体育技术创新应用的重要保证

无论是竞技、群体还是由此带来的产业市场，数字技术的应用都是以体育组织的认同、需求、接受为导向的。只有体育组织对数字技术有所需求，并认识到其所带来的益处，数字技术才能被采纳，同时用制定规则（如竞赛规则）的管理方式，强制其会员执行应用。也只有如此，才能真正发挥数字技术给体育带来的效力作用。

5. 社会广泛参与是促进数字体育技术创新应用的根本动力

体育的主要目标是竞争取胜，为此在竞赛准备和组织过程中，人类的一切最新科技成果包括数字技术成果被无所不用，运动员及其辅助者的竞技取胜目标成为数字技术应用于竞技体育的不竭动力。体育社会化、信息时代带来的随时随地、方便、快捷参与健身活动的社会新观念是数字技术应用于群众体育的另一种动力。当然，数字技术满足高水平竞技运动的发展需求是可以用有限资源、在一种可控的范围内得以实现。但对数字技术应用于涉及全社会的大众体育活动时，则需要与一个国家、一个地区、一个城市的社会经济、信息技术发展水平相适应，这是无法超越的。

当前阶段，体育行业管理是数字技术应用的主导力量。无论是提出需求、技术选择、产品认同，还是经费投入、政策引导与推广应用，都是体育管理发挥主导作用。国家队专项器材管理信息系统的研制与推广应用典型印证了这一点。因此，在体育行业内组织开展数字体育理论研究、提高认识、统一思想非常必要。早期，对数字体育创新项目，要多争取政府的投入和推动，同时扶持有市场前景的项目逐步走向市场，最终实现市场配置资源、发展社会项目的目标。

发展数字体育应充分认识、遵循上述相关特征和规律。

为便于体育工作者的认识和理解，下面主要从目的和结果的角度，分析以数字技术手段为主的体育信息技术创新应用相关问题。

（二）目前存在的主要问题及建立体育信息技术创新应用体系的必要性

1. 目前存在的主要问题

现实中存在的阻碍体育信息技术创新应用的问题主要表现在以下方面：

（1）体育工作者对体育信息技术的作用、价值的认识相对不足。由于信息技术在体育实践中的开发应用多集中在竞技备战中的科技攻关服务上，其他方面的开发应用相对较少，零散开发应用成效不太明显，应用效果好的也缺乏宣传推广，因此体育工作者对信息技术的价值作用认识相对不足，对信息技术产品的开发研制组织积极性、主动性不高，投入较少，成果有限。

（2）体育信息技术工作者对其实践活动的理论总结归纳和知识传播不足。我国体育信息专业机构有组织地开展体育信息技术开发、应用、服务开始于20世纪80年代，二十多年来，该机构在技术开发和实践服务中取得了许多成绩，尤其是多次较好地完成了我国大型运动会电子信息工程、奥/亚运会情报研究与服务以及我国总局电子政务技术开发服务等重要任务。但这些实践活动普遍缺乏系统性的理论归纳总结，除20世纪80年代末组织编写的《体育情报理论与实践》公开出版理论书籍外，较少编辑、出版其他学术专著。

适应体育实践中的信息技术应用需求，许多专业体育院校陆续开设了体育信息技术系、信息管理与信息系统专业（体育信息技术方向）、体育信息技术教研室等，招收了多届本科生、研究生。但观其教学过程，在体育信息技术知识方面多使用自编教材，大量实践成果未能被总结、介绍到体育教育领域，没有实现有效知识传播。

（3）推广体育信息化的同时，体育也该为推动我国信息化进程做出应有贡献。目前，我国的体育信息化主要体现在体育电子政务、运动会信息工程、运动员科学训练信息平台等方面，但实际上体育信息化并非仅限于此，体育管理、体育健身、体育场馆建设、体育教育等领域的信息化推动工作还非常有限，总体来看体育信息资源分散，信息化推广工作缺乏更多着力点。

（4）在信息技术和体育实践之间缺乏沟通渠道。随着信息技术的高速发展，人称"没有做不到的技术，只有想不到的应用"，但这些技术创新应用者对体育领域实践（特别是其中的有关规则要求)较为陌生，感到无从介入。而在运动训练实践中，尤其是面对繁重的竞赛锦标压力，教育者多运用已有传统方法进行指导，创新应用信息技术手段意识相对较弱，信息技术与体育实践之间缺乏有效交流沟通机制，双方共同组织创新研发、推广应用难度较大。

北京科技奥运和数字奥运建设，对体育信息技术创新应用带来了很大影响，这对上述问题有了一定的触动和改善。为进一步利用这种影响，推动体育领域的信息技术进步，建议创建"体育信息技术创新应用体系"，促进实现体育信息技术创新、应用的快速、持续发展。

2. "体育信息技术创新应用体系"含义及其建立必要性

体育信息技术创新应用体系含义可以理解为：由科研机构、大学、企业及政府等主体相联合并组成网络，促进有效提升体育信息技术创新应用能力和效率，使信息技术和体育实践融为一体，协调发展。其核心内涵是实现体育行业对提高体育信息技术创新应用能力和效率的有效调控和推动、扶持与激励，以取得竞争优势。

创建体育信息技术创新应用体系是国家创新体系建设的要求。为进一步推动我国生产力的发展，相关规划中都明确提出建立国家创新体系的目标任务，即：通过建立知识基础和创新平台，在各创新主体间建立桥梁和纽带，使各主体紧密联系，形成创新合力，推动资源的积累与共享、技术的创新与应用、知识的传播与再生等，促进实现管理方式科学化、高新技术产业化。国家创新体系的建立应该包括体育领域的相关建设内容，体育信息技术创新应用体系的建立有助于体育创新体系的建立。

竞技体育的激励竞争，同样需要创新体系的支持。备战奥运会期间，全国科技力量对备战队伍给予了许多支持，科研开发和成果应用效果明显。其他领域也同样需要：全民健身需要创新方法的推动；发展体育产业、改革体育自我教育方式也需要创新手段的应用；建立体育信息技术创新应用体系，有助于体育方法、手段的新探索及其广泛推广应用。

(三) 构建体育信息技术创新应用体系建议

体育信息技术创新应用体系主要工作目标是：挖掘、激发体育实践需求，在政府宏观引导下科研事业、经营企业并肩创新研发，推动社会实践广泛应用取得成效。构建体育信息技术创新应用体系需要政府的领导和支持，同时还要创新建立相关体制、机制。

在构建体育信息技术创新应用体系中，建议：发挥两个组织作用，整合六种资源，重视研制基础技术标准,重点建设维护四类平台。

1. 发挥两个组织作用

发挥国家体育总局体育信息化领导小组、中国体育科学学会(体育信息分会和计算机分会)作用,在争取国家体育总局领导小组的支持和行政力作用下,建立体育信息技术创新渠道、平台以及专家团队,完善体育信息科研立项机制和体育信息技术标准制定组织工作机制(适当增加体育信息技术专家团队的中介评估、评审环节);发挥学会组织的桥梁纽带作用,广泛联系体育政府、运动协会、事业单位、高新技术企业,创新学术理论,组织研制相关技术标准,解决体育实际问题。

2. 整合六种信息资源

整合六种主要体育信息资源,为构建体育信息技术创新应用体系建立体育信息资源共享平台,具体建议:

(1)以体育电子政务为主线,整合体育政务管理信息资源,开展决策管理咨询。

(2)以国家队训练信息平台建设为中心,整合训练指导信息资源,开展科学训练咨询。

(3)以运动会信息技术服务为依托,整合体育竞赛表演信息资源,开展媒体传播咨询。

(4)以专业体育院校教育为主体,整合体育科技图书、期刊文献资源,开展教学咨询。

(5)以国民体质监测数据为核心,整合群众体育健身休闲信息资源,开展健身指导咨询。

(6)以体育产业统计工作为线索,整合体育市场需求、产业单位信息资源,开展市场拓展咨询。

3. 重视研制基础技术标准

在体育信息技术创新应用体系的建立过程中,要重点关注基础标准建设问题,其中包括:体育信息数据库、网络、设备等的代码、接口等相关数字技术标准问题,如果没有统一的标准(如运动会信息工程、体育信息数据库、运动员科学训练管理平台等建设中的体育代码标准),则很容易形成信息孤岛,不利于资源共享。

4. 重点建设维护四类平台

重点建设维护的四类平台,具体包括以下内容:

(1)管理信息平台:含体育电子政务系统,以及运动项目管理、训练信息化、器材审批购置等体育专业管理应用信息平台。

(2)官方网站平台：含国家体育总局网站、中国奥委会网站、中国全国体育总会网站。

(3)交流活动平台：主要是指全国体育信息科技大会暨体育信息产品展览会等学术交流、产品展示中介平台。

(4)知识传播平台：主要是指体育院校专业信息技术教育、培训等知识传播活动。

5. 当前主要任务

现阶段，在体育信息技术创新应用体系建设初期，建议重点抓好组织研制基础数字技术标准，引导监制研发专业设备，提高信息平台的建设与联合能力，促进体育信息资源的采集、共享与再利用，促进形成必要体制、机制。构建体育信息技术创新应用体系，这可以被认为是现阶段"数字体育"建设的首要任务。

第三节　推动数字化的体育营销商业模式

一、体育营销的定义与困惑

(一)什么是体育营销

说起体育营销，大家对此并不陌生。无论在世界顶级赛事中，还是区域型的联赛中，甚至学校范围的小型个性化赛事中，赞助商和各类品牌活动、知名运动员代言都随处可见；赛事前期的宣传推广、赛场边的广告，运动员队服上的品牌标识，转播画面里的品牌展示，资讯内容专题的冠名主题等，全都属于体育营销。

目前，体育营销主要包括以下两类：

一类是体育的营销，是指以体育组织为主体进行的市场营销活动，指为了体育组织自身及利益相关者的利益而创造、沟通、传递客户价值，管理客户关系的一系列活动和过程。一支球队和它的著名运动员，一座有历史的体育场馆，一场精彩的赛事，都可以视为营销意义上的产品进行营销。大家常见的各种赛事宣传推广就是这一类体育营销。

另一类是通过体育来营销，是指以企业为主体，企业以体育活动、体育人物或体育组织作为媒介或平台，与企业的目标消费人群创建关联，进行传播、沟通和互动，实现客户价值的一种市场营销活动。这类体育营销大家耳熟能详。2018年俄罗斯世界杯,我国不仅有7家企业与国际足球联合会开展各个层面的合作,还有许多企业通过赞助某支国家球队、某个球员或者通过媒体与世界杯产生密切关联,进行体育营销,其方法多样,内容丰富。

(二)体育营销的困惑

虽然许多企业认为体育是企业和目标消费者联结的最好平台之一,但体育营销也是技术活,要用好这个平台并不简单。

过去,体育营销中的广告主或赞助企业一般情况下只要选择知名的体育赛事或运动团队/运动员进行赞助,便可以借着体育营销的东风获得广泛的传播和认同。而随着市场和技术的发展,我们发现如果仅仅为了品牌曝光和展示而支出一笔体育广告费/赞助费,却不考虑如何与体育赛事或体育赞助对象建立良好的关联,不考虑如何与企业的目标消费人群进行线上线下互动交流,则难以达到体育营销的效果。

现在,企业选择体育营销的标志物时,会慎重考虑:赛事品牌是否与自身品牌相契合。赛事的传播市场是否与品牌传播的市场一致。获得的权益能否帮助品牌达成实施体育营销的目标。如果是体育赞助,还需要企业再花费两倍于赞助的费用,进行体育赞助的营销激活,以获得更好的体育营销效果。这意味着,高效的体育营销,需要企业从自身战略出发,进行有选择的、长期的、整合的体育营销活动。而体育营销的广告主,则更多地关注是否能够精准描述体育营销平台上目标人群的特性和行为;关注是否会有很好的创意或想法吸引这些消费者,引发互动和深度社交讨论;关注是否有永不言败等精神。健康向上、积极、有活力、充满阳光的形象,往往能够较好地融入企业的品牌精神中去。企业品牌的价值主张与体育组织、人物或体育活动的精神内涵高度契合时,会显著提升企业的形象和品牌价值,长远来看会提高其市场表现。

精准触达体育赛事的受众人群。优质的体育赛事活动品牌,社会关注度高,覆盖范围广,受众特征相对清晰。如奥运会、足球世界杯、中国网球公开赛、北京马拉松等赛事。在目前信息飞速发展的时代,信息多元而海量,用户的注意力也随之分散。而体育赛事不仅能够聚拢用户的关注,还能明确这些用户的人群特征。当企业的目标消费人群与赛事活动的受众人群匹配时,企业能够借由赛事的内容,轻松触达自己的目标消费人群。

获得跨文化的认同。少数金字塔顶端的体育内容可以跨越地区、文化和种族的限制,在世界范围内广泛地传播。有些具有地域特色的赛事则受到特定区域文化和人群的喜爱。通过选择恰当的体育营销目标，企业可以跨越文化的边界，找到自己国际化前进的突破口。某手机品牌通过赞助印度板球联赛，顺利进军印度市场。2016年海信赞助欧洲杯，成为欧洲杯上有史以来第一个中国品牌，海信电视在欧洲的销量随之猛增。

这两种类型的体育营销，虽然营销的主体略有差异，但本质都是基于体育内容的营销，使用的方法和工具也同能够实现最好效果的媒体组合；关注是否能够提供相应的服务促进销售的实现。因此需要的是精准、参与度高、互动性强、可衡量、深度触达的体育营销行为。

虽然经过多年的发展，体育营销无论合作形式创新还是赞助权益开发，都有了长足的进步，但基于当今体育营销赞助商或广告主的新需求和新标准，体育营销活动在开展的过程中仍然存在部分问题：赞助和营销激活如何有机结合？体育营销如何适应用户观赛习惯的变化？如何利用新的技术手段提升营销效果？如何与用户建立更强的联系？品牌形象、信息大曝光、销售提升……既要用脑，也要走心。

另外，体育赞助效果评估也较为困难。体育项目的差异化、赞助目标的多样化以及赞助执行的多方参与，都增加了评估体育赞助营销效果的难度。广告时间折算、媒体曝光率、传播数量及范围、社会关注度等是常见评估内容，但也有许多是主观经验值，精确数值较少。而有些数值，如粉丝数和转发次数，也未必体现真实的效果。

面对这些体育营销带来的困惑，我们也许可以通过对当今数字化时代的理解，寻找一些解决方案。

二、数字体育营销的环境

数字化时代，各种新技术运用于体育营销中，使广告主、赞助商拉近与体育用户之间的距离，增强与体育用户之间的互动性和体育营销的效果。这种借助于互联网、移动互联网及数字交互式媒体，以体育内容为载体来开拓市场，洞察体育用户需求以实现体育营销目标的营销方式，被我们称为数字体育营销。

环境对数字体育营销的发展具有重要的作用。因为市场是一个开放的系统，外部环境条件是不断变化的，它既能创造新的市场机会，也可能带来威胁。对于体育营销者、广告主或赞助商而言，要想进行成功的体育营销，必须具有持续不断观察并适应环境变化的能力。由于数字体育营销涉及的营销环境范围广泛，因素复杂，我们就其中影响比较大的几个方面进行阐述。

（一）体育营销载体日渐丰富

举世瞩目的北京奥运会后，我国体育需求及体育消费逐年增加，体育产业市场规模不断扩大。2014年随着相关文件的发布，我国体育产业进入了蓬勃发展期。经历了4年的探索，体育营销也随之不断地发展和进化。

能够承载体育营销的载体主要包括体育赛事、职业体育联盟或俱乐部、体育运动员、体育场馆等体育产品，也包括呈现这些体育产品，并进行内容开发的体育内容平台。由于其他体育营销载体的权益和价值，很大程度上受到赛事和体育内容平台的影响，所以本书后面的讨论主要关注赛事和体育内容平台这两个重要的载体。

早期中国体育市场上缺少具有国际和国内市场影响力的体育赛事、体育俱乐部和体育运动员，体育品牌价值也相对较低，缺乏精彩的体育内容产品，难以精耕细作。以体育赛事市场为例，虽然赛事数量多，但多引进国外的赛事，而本土赛事少，且本土赛事的经营水平不高。

现在国内可承载体育营销的赛事品牌明显增多。一方面，国内赛事市场，既有承办的各类运动项目的世界级别大赛（如男篮世界杯），也有我国自办的高影响力赛事（如中国网球公开赛），还有本土优质联赛如中国男子职业篮球联赛以及各类大众参与型的赛事活动（如企鹅派对跑）。在不同运动细分领域，赛事数量和市场规模增长速度都较快。以马拉松为例，2016年田协注册的马拉松赛事才328场，到了2017年这个数字井喷式增长到1102场。即使如此，2018年的北京国际马拉松比赛，要想抢到一个参加比赛的名额依旧难如登天，可谓一"权"难求。另一方面，作为体育内容平台方，企业通过兼并、收购、自创、引进等多种方式，在体育内容方面精心布局。如腾讯体育就拥有美国职业篮球联赛、国际篮球联合会、中国男子职业篮球联赛、英超、温网、法网、美网、美式橄榄球联盟、国家冰球联盟、美国职业棒球大联盟和环法自行车等多项国际国内优质赛事的互联网版权。这些体育内容平台方在垂直细分赛事领域中，通过运营赛事版权、制作延伸内容、开发自有内容资产，结合互动、社交、电商等模块，尝试形成自己的商业模式。

优质赛事品牌数量增长速度很快，体育内容平台的发展也日新月异，这带来的好处是——企业的选择多了，可以用多个精彩的赛事项目，打造层次丰富的体育营销组合；亦可以通过整合不同的营销资源和形式，扩大体育营销的效果。当然，并非所有新增赛事都能保证高质量和持续性，良莠不齐的现状也给企业造成了选择上的困惑。全球体育产业各领域著名体育品牌和优质赛事资源纷纷涌入我国，也使得中国体育市场竞争更加激烈。

（二）数字技术的广泛应用

正如某营销学大师所说，由于数字技术的发展，当今客户决策流程、动态的市场竞争、消费者反应的时间单位已经从原来的以日、小时计算，跳转到以分钟、秒钟的碎片化计算。因此，企业必须努力迎合数字化时代的需求。

当下我国企业与市场进行沟通时，常常利用搜索引擎（如百度的关键词竞价排名）、建立自己品牌的官方网站；在渠道方面构建电子商务阵地并打通在线支付平台；在传播管理方面注重网络传播、口碑管理等，常用的公关沟通工具为微博和微信公众号。如果想继续挖掘，给消费者提供更多、更便捷的服务，则可以开发手机应用软件，或者通过微信小程序建立自己的在线用户关系服务体系等。数字技术的应用使企业能够与用户紧密相连，能够深度沟通和互动，也能够带来良好的用户体验，提高企业传播效果品牌影响力，从而提升市场业绩表现水平。下面我们将选择几个主要方面来探讨。

1. 多屏互动

想象一下，你早上起床，刚好有一场精彩的美国职业篮球联赛在直播，看到一半你要出去工作了，路上你有空可以用手机观看；如果没有时间看直播，可以通过相应的图文资讯和点播视频了解比赛的情况；你可以在直播、点播里刷弹幕，在资讯文章下评论，还可以进入社区与其他球迷互动；如果看到开心的地方，还可以点击链接去买个纪念品。这些场景相信大家都很熟悉。

我们目前进入多屏时代。在各种屏幕，包括智能手机、个人电脑、平板电脑和智能电视等数字媒体上的互动已经构成消费者日常与媒体互动的主要部分。相比传统媒体，新兴数字媒体与消费者之间的互动程度更高。

网络终端设备无处不在，技术的发展使得人们的交往变得更加方便。企业和市场之间的沟通虽然没有时间与距离的障碍，但在营销各个方面的竞争更为激烈。多屏时代带来的一个极大挑战是，企业能否借助优质的内容，高效地获得各个不同终端上目标消费者的注意。结合体育赛事生产优质内容，并迅速、准确地触达、分发给用户，则成为体育内容平台非常核心的能力。以腾讯体育为例，腾讯体育依托腾讯庞大的网络平台影响力，打造了一个覆盖腾讯各个流量平台的内容分发体系。腾讯体育的内容，除腾讯网、腾讯体育客户端、腾讯新闻客户端、腾讯视频、天天快报、企鹅直播、智能电视盒子等不同终端上的内容平台之外，还通过其他重要渠道传播，如微信、聊天软件这两个最重要的社交平台，以及相关浏览器等工具性平台，这充分保障了体育内容对受众的深度触达能力。2016—2017赛季的美国职业篮球联赛总决赛最后一场比赛创下1.75亿观看人次的历史新高。这不仅意味着，腾讯体育联手该联赛创造了全球范围内的互联网直播纪录；也意味着，通过合作这样的平台和赛事，企业可以让自己的品牌和产品信息被更多用户接收，产生更广泛的影响力。

数字体育内容的消费者一直活跃在网络上，无论他们使用的设备是智能手机、平板电脑还是个人电脑、智能电视。企业都可以在覆盖这些设备的内容平台上进行品牌传播，实时地同这些消费者进行互动。如果企业不能很好地使用这些平台，则难以在当前数字体育内容消费者的生活中赢得他们的关注。因此，在数字体育营销的工作中我们需要牢记：这个时代是多屏的时代，无缝联结很重要。如果企业想深度触及用户，必须在内容平台上进行深度整合的品牌传播。

2. 社交媒体

说起社交媒体，我们脑海中不可避免地出现微信、微博、知乎等社交软件。如今的数字时代，我们离不开基于社交媒体的社交网络。通过这种在线文化的交流与接触，企业可以更深入、更便利地与客户进行沟通，建立相互沟通、相互理解和信任的社交关系，以此来培养品牌的忠诚度。

研究表明，社交媒体营销的传播速度可呈指数增长。当企业有意识地组织热点话题、发布营销内容时，关注企业账号的用户可能会进行转发或评论，通过用户的转发，则会使更多的用户接收到这些信息，从而产生转发或者评论行为，即使这些用户本来并没有关注企业的社交媒体账号。因此社交媒体的成功应用可以扩大内容的传播范围，从而提升品牌的知名度。同时，那些关注社交互动的企业，会利用最重要的人或事件，将其作为杠杆来放大品牌的传播效果。

社交媒体最显著的特点在于它的自发性，是用户自发产生的行为：用户创造内容，用户主动分享内容，互相交流。许多用户在收看节目时与他人分享感受、参与讨论、扩散转发，同时可能会在社交互动中推荐品牌，他人的评论和推荐也会影响其购买决策。可见，企业可以通过引导社交互动影响潜在消费者的品牌偏好，可能未必显著影响销量，但很大程度上直接或间接影响购买决策。

因此，企业运用社交互动的重点是如何理解并管理用户与企业的社交互动，并将用户转变为品牌传播的媒介。具体来说，如何将体育的内容运用到极致，提供良好的用户互动体验，激发用户基于品牌生产创造正面的内容以及粉丝管理等都很重要。

3. 大数据技术

由于云计算、物联网、社交网络等的兴起，人类社会的数据类型及规模正发生巨变。大数据，指的是无法在一定时间范围内用常规软件工具进行捕捉、管理和处理的数据集合，是需要新处理模式才能具有更强决策力、洞察发现力和流程优化能力的海量、高增长率和多样化的信息资产。如果我们能够通过大数据，找出存在于消费者、企业、社会之间的某种关联，将有助于企业的精准营销，提高营销效率，增强消费者黏性，使其更具市场竞争力。

在数字体育营销中，大数据的应用成为驱动体育营销手段升级的强大引擎，高效正确地进行数据的采集、整理以及分析的能力已成为体育营销者凸显企业竞争力的核心能力之一。由于体育产业各领域垂直细分愈加明显，在内容营销方面，比拼的不仅是媒体投放量，以及与体育平台用户的关系，还是对于大数据的挖掘能力。数字体育营销者能够通过对数据的深度研究、消费者洞察、行业分析从而给广告主或赞助商提供更有价值的帮助。广告主或赞助商也希望了解体育用户中的目标消费人群，提高营销活动的精准度与有效程度。数字体育营销场景中数据可谓无所不在，无论是体育消费者行为的数据、销售数据，还是竞争对手的数据等，都具有了更高的可得性和准确性。因此，大数据技术在数字体育营销领域的应用日益受到重视，尤其是如何从海量的数据中，提取出有价值的信息，找准体育营销的着力点，帮助实现更高效的营销活动。

假如你是赛事主办方市场营销负责人，你可能在想这些问题：什么样的定价策略能够吸引更多的体育迷观赛？来现场观赛的观众在赛场内的行为如何？他们关注什么？他们在赛场不同区域的逗留时间是多久？现场除了赛事本身还需设置什么娱乐活动才能满足现场观赛者更丰富的需求？哪里投放广告效果最好？为了与赞助商更好地合作，应该抓住什么热点，制造什么样的营销内容？如果做社交媒体的营销，该请什么样的舆论引领者？哪些社群是我们需要重点关注的？这些疑问如果能够采用大数据技术进行分析，或许可以找到答案。

基于用户的搜索行为数据、线上内容的浏览数据、社交数据、电商交易数据以及线下的定位数据等各项数据，我们可以对体育内容用户做精准的人群画像，在此基础上去洞察用户需求、预测需求，判断他们的消费偏好。同时，企业主也可以利用大数据技术把握网络热点和了解消费者对本品牌的看法，识别不同社群和舆论领导，结合品牌定位，及时有效地进行内容营销，将产品或服务的信息精准投放给匹配的用户，以提升广告和销售的转化率。

（三）体育消费行为的显著变化

当今，我国体育人口快速增长，伴随互联网而成长起来的"80后""90后"，甚至"00后"，已是体育消费市场的主要人群，他们从网络上获得各种资讯，并愿与他人分享各种消费体验，网络是他们主要的社交平台和娱乐平台。体育消费往往分为三种类型：第一种是实物型消费，如购买各类运动用品、装备等；第二种是参与型消费，如参加休闲运动、进行体育锻炼等，马拉松运动者的消费就属于参与型消费；第三种是观赏型消费，主要是体育消费者通过现场或各种媒介观赏体育赛事或其他体育内容。本书更多地关注体育内容消费，即观赏型消费。通过数字体育营销，围绕体育内容消费，了解体育消费行为的特点，可以有效整合三类体育消费，这一点在后面的论述中大家可以看到。

体育消费行为是复杂的，以体育赛事为例，不是所有观众都似球迷般热情，也不是所有人都对支持的球队有强烈的身份认同感，但是他们也有些共性，如大多会使用社交媒体去了解或参与感兴趣的体育项目。我国目前随着体育产业的发展，体育消费不断升温，体育消费行为呈现出社交化、场景化、娱乐化、个性化的共有特点。

1. 社交化

人群之间的聚集和人际交流按兴趣、跨地域、社会化、网络化展开。一些志同道合、拥有共同兴趣的人，可以通过社交平台聚在一起。他们在生活和成长过程中可能没有任何交集，但因兴趣而结缘。以前，一个爱运动的人可能会在线下相约好友去锻炼，或独自收看、收听和阅读体育相关的内容，但现在随着各类社交媒体、运动类手机应用程序、手机应用软件等的应用，运动者可以很容易在线寻找到有共同运动爱好的伙伴，形成运动的社交圈，并可以与朋友分享自己的运动时刻，或者相互讨论某些体育内容，在相关体育内容的消费方面相互具有影响力。

因此，社交化运动成为新时尚，通过运动形成新的社交圈已然成为时尚健康的生活方式。我们经常可以在朋友圈发现朋友的跑步记录，或者在小群里晒捐步数。2017年相关体育消费报告数据显示：57%的消费者会邀约朋友、同事、同学一起锻炼。进一步说，超过半数的运动爱好者会通过运动类手机应用、软件等渠道寻找有共同运动爱好的伙伴，也更愿意将自己的运动时刻分享给亲朋好友。同时，这些运动性质的社交圈也具有极高的传播价值，能够通过社交平台主动分享和传递有价值的体育内容，使得这些体育内容有更多的机会得以大范围地扩散。

2. 场景化

基于社交媒体平台的互动传播是体育营销重要的模式。但多种不同的内容环境如何更好地融合呢？场景化是一个好的途径。场景化可以借助移动终端和大数据等新技术的支持，实现企业与消费者随时随地的链接。

场景概念最早应用于移动互联网领域，在相关书中被提及，后由学界结合我国互联网实践运用到传播学领域。

互联网和移动互联网的广泛使用，使得数字体育营销环境瞬息万变。如何洞悉体育用户的情感、连接价值来营造场景，增强广告主、赞助商与用户间的互动性，让线上体育内容场景和线下的场景进行恰当的转化、融合与叠加，尽可能多地覆盖到体育用户的实际需求，并借此提升广告主、赞助商品牌的知名度、美誉度与忠诚度，是体育营销者需要不断思考的问题。

通过移动终端和大数据，数字体育内容平台可以了解分析用户所处的具体场景，并精准把握和深度挖掘用户在各个场景中的不同价值诉求，从而更好地满足用户的需求，让用户对平台的内容和产品形成使用黏性，从而也为数字体育营销提供更有层次的施展空间。

将体育内容与场景有效地匹配，才可以更好地发挥数字体育营销的效果。只有基于用户的需求，贴近实际，才能创造出真正有吸引力的场景。如今的营销活动越来越趋向于传递并渲染某种情绪，增强目标受众参与互动时的代入感，让受众群体在使用产品或服务时脑海中浮现的是故事和自身的经历，这就是传播过程中营造出的场景。这些场景可以引起用户情感的共鸣，激发他们的购买欲望，形成品牌效应。利用各类新技术如增强现实、虚拟现实等，可以进一步提升用户的场景体验，体育营销者则可以在这些场景中，建立用户和品牌之间的连接，强化场景体验，促进销售变现。

3. 娱乐化

在数字体育营销中，如何扩大受众范围，吸引更多目标受众群体产生兴趣，并延长他们的投入时间，提高参与度和互动意愿？体育本身就是规则明确的游戏，受到专业程度的限制，体育内容的受众范围被收窄。结合特别的创意来引发互动，则可以激发体育泛娱乐化的特性，拓展更广泛的受众群体，满足他们娱乐化的体育内容需求。

腾讯体育打造的"企鹅派对跑"就是一个"跑步 + 娱乐"的大众参与型赛事。其传播方式新颖独特，更强调品质娱乐休闲。"90后"有着与上一辈人截然不同的价值观念，他们标新立异且富有娱乐精神。如果仅依靠社交定位，"企鹅派对跑"很可能会缺失一部分更年轻的人群。因此，娱乐元素充满了整个赛事，吸引了广泛的用户关注。

在"企鹅派对跑"赛事活动中，娱乐元素随处可见。品牌设计方面，丰富的企鹅视觉元素让人感到亲切、好玩儿，娱乐感十足。此外，"企鹅派对跑"还有趣味跑道设计、舞蹈、互动游戏等，让跑步成为一项轻松的娱乐活动。一切都是为年轻群体量身打造，"企鹅派对跑"可说是最懂年轻人的路跑赛事之一。

而赛前的营销预热，不仅完美地将"企鹅派对跑"的娱乐元素展现出来，更强调"企鹅派对跑"是高品质休闲娱乐活动。

4. 个性化

一个事件，对某个体育迷群体来说是热点，对另一个体育迷群体却可能意味着毫无热度可言。庞大的体育迷群体只热衷于自己感兴趣的项目。不仅群体如此，体育内容用户的个人需求更是呈现出多样性。体育市场中体育项目多，垂直细分领域的产品或服务更多。因此，针对不同的用户，提供个性化定制的信息传播，提高内容消费的体验就显得非常重要。

同时，对于体育营销广告主而言，诉求不同，目标受众不同，如何针对他们的需求，结合内容平台和广告主的品牌内涵，推行个性化定制营销方案，也是一个挑战。

三、数字化时代对体育营销的新要求

近年来，某营销学大师提出营销4.0的概念，认为营销战略进入价值观导向与共创导向阶段。企业将营销的重心转移到了如何与消费者积极互动，尊重消费者的价值观，让消费者参与到营销价值的创造中来。因此，营销4.0需要考虑的是如何对企业和用户之间产生的交互进行分析，洞察用户的需求并满足需求，帮助用户实现自我价值。

数字化时代，环境的变化对体育营销提出了新的要求，数字体育营销应用越来越广泛。虽然营销的实质仍然是需求管理（发现、引导、满足消费者的需求），但体育营销者仍然需要寻求差异化价值，与用户建立可持续性的关系。但是面对体育内容用户新的特点，基于互联网、移动互联网、连接、大数据、社群、场景以及新一代分析技术，体育营销需要与时俱进,尤其在以下几个方面。

体育营销者需要洞察体育内容用户的行为,利用数字化技术收集、分析他们的偏好,对这些用户进行精准定位与识别。

在体育内容选择方面,体育营销者需要选择更加适应用户年轻化、个性化、时尚化需求的运动项目,并且在品牌传播内容的制作和互动形式上寻求创新,吸引目标受众的兴趣。体育营销的工作应将体育精神融入品牌内涵,根据不同项目的特点和品牌诉求,量身定制,精心设计事件和话题,讲好品牌故事,注重娱乐性与互动性,与消费者产生共鸣。

在信息传播及与目标用户建立连接方面,体育营销工作者需要考虑各种传播的途径,综合使用多种营销方式。体育营销要充分发挥实时性和移动性的特点,线上线下要整合,社群营销、场景营销、体验营销、跨界营销、娱乐营销等要综合使用,让传播的信息深度触达目标用户,从运动体验到分享再到消费,为用户提供完整的具有交互性的体育消费体验。

在交易实现与回报方面,体育营销应该通过资源整合,将信息传播与电商联结。给广告主或赞助商带来线上即时的订单,实现销售促进,同时努力与用户建立长期交易关系。还可以激活已经与企业建立关联的用户,利用他们自身的社交网络进行传播,给企业带来更具消费者口碑背书的曝光。

在品牌资产建设方面,体育营销中消费者介入程度比较高,激发其个人身份认同感,积极寻求与消费者的情感共鸣就显得非常重要。因此,体育营销工作者一定要注意构建品牌与体育精神稳定的联结,并基于此,与用户建立持续的、积极的关系。

在新技术应用方面,积极采用如虚拟现实和增强现实技术、短视频、直播、人工智能等新技术形态,进一步重构体育营销新场景,以此增加内容分发的深度和广度,改善体育消费的体验,增强沟通效果。

第六章 数字经济时代下的体育产业发展探索

第一节 体育科技的触及范畴

一、体育的大趋势

国外相关研究组织在与体育委员会展开的合作中发现了一个矛盾的现象。虽然澳大利亚人热爱体育，体育也一直是这个国家文化认同的一部分，但整个国家正持续面临着生活习惯中的风险因素和长期不良健康状况的挑战。甚至有接近一半的澳大利亚人口极少甚至从不参与体育锻炼。因此，不只是在该国，世界各地的政府机构都将体育视为预防疾病的一种手段。除了参与率下降，该研究组织还发现了下述几项持续改变体育的大趋势：首先，研究表明个性化体育运动和健身活动正在崛起。越来越多的人不得不"将体育运动融入他们繁忙且时间碎片化的生活方式之中，以实现个人的健康目标"。依据第一个大趋势，体育必须"完美融入"，要能够与人们的其他需求相配合。第二个大趋势，健身操、跑步、健步走活动的参与率以及健身房会员的持有率在过去 10 年迎来了快速增长；与此同时，很多有组织的体育活动的参与度只能是勉强持平有些甚至有所下降。"越来越多的人们选择一旦有机会就戴上耳机和智能设备去跑个步，而不是锁死在一个按部就班的有组织的体育活动之上"。

第二个大趋势还反映出，彰显生活风格、体验冒险以及挑战极限的体育运动，在年青一代中尤其受欢迎，它们"正从小众极限迈向大众主流"。"被视为生活风格的体育运动通常包含复杂且高超的运动技巧，并且具有一定的危险元素，因此能够满足某种寻找刺激的需求。这些体育项目还以鲜明的生活风格元素为特征，其参与者往往会通过体育运动收获文化上的自我认同和自我表达"。这一类体育活动正吸引越来越多的参与者。

第三个大趋势被视为"不只停留于体育运动"，其基础便是政府、公司、社区对于"体育能带来的好处远超出运动竞技的范畴之外"的认知逐步加深。体育能够帮助人们实现精神和身体的健康，并对社会发展和国际合作等目标起到促进作用。

二、未来物联网体育的起点

将体育领域中的科技趋势归纳成图，能够帮助我们识别并探索未来可能发生且合乎情理的潜在场景。因此，自我量化这一概念——也就是某个人使用自己私人的、自我收集的数据来找寻相关发现，和体育领域在过去10年的末期所呈现出的大趋势，在很多关键方面有相似甚至重叠之处。人们越来越多地使用自己的运动设备参与个人体育活动，利用传感器采集到的数据去监测他们的体育活动、训练进展或者表现提升。类似的活动数据加上从体育设施或运动环境中采集到的传感数据，当这些数据接入核心计算存储并且使用基于云端的基础设施进行持续的追踪记录时，就能够形成将人、物体和服务在物理和虚拟世界中汇聚起来的物联网网络。

人们使用这些信息进行自我激励和自我提升。个人开始收集数据然后连入云端以分析其中的细节与呈现出的趋势，除此之外，这其中还涉及社交因素。一份健身调查显示，大约有70%的活跃运动人群会使用应用程序去追踪记录自己的健身计划，其中又有2/3倾向于以小组的方式进行锻炼并开展虚拟竞赛。

科技将会逐步在运动执教和运动激励方面取代人类专家。在未来，虚拟化执教还能够扩展出新的商业模型，知名的运动员和教练员将会使用机器学习和人工智能为订阅了他们服务的消费者制订个性化的训练方案并不断进行优化。再与自动化的合成媒体技术相结合，比如说使用人工神经网络（人工智能换脸便是其典型案例）生成个性化的指导视频，体育组织、运动服饰供应商、知名运动员以及教练员可以借此开辟全新的市场，为消费者提供个性化的、具有激励性质的运动指导。

再向前一步，很多人都预期，将数据汇聚起来能够对记录趋势、分析风险起到帮助，并最终预防疾病。相应地，运动服饰公司、运动设备及互联网技术供应商、健身与健康公司、保险和医疗供应商以及政府部门和监管机构，都能从中对有关强身健体、身心健康以及数字健康的方方面面进行探索。

依据管辖模式、政治系统以及被人们接受的社会规范的不同，物联网云架构中的数据管理可能由政府、企业或者未来的点对点云架构所监管。在如今这样一个用户越发认识到个人数据存储的隐私与安全问题重要性的世界，由政府、企业以及点对点式的云架构共同实现的数据汇聚能够形成一个管理数据存储与汇聚的数据生态系统。比如说，个体能够将私人数据存储在私有微型云端，然后只将限定范围内的数据点共享到公有云之上。数据汇聚、统计和分析只会发生在那些用户知情并主动共享在公有云的数据包之上。

畅想更长远的未来，如此一个私有—公有混合的云基础设施架构，还能够刺激新的商业模型的形成。比如说，如果政府负责维护这样一个生态系统，可以利用税务方面的激励，从消费者对政府和商业对政府的层面分别去驱动数据共享和数据汇聚。相反地，若是企业实体负责维护该生态系统的管辖模式，一种"使用你的数据进行支付"的新模式有可能替代免费增值商业模式。造成这种商业模式改变的背景是，企业使用用户私人数据已经被全球的法学和商学学术界研究透彻了。

一种是"使用你的数据进行支付"的商业模式；另一种则是政府驱动的激励机制——对设备和传感器的核验、认证以及管理都最终会面临一个监管挑战。全球的政府和监管机构已经在密切关注健身设备交叉融入医疗设备领域的事情了。在某些情况下，健身追踪设备的供应商做宣传时的演说以及对于潜在监管审批或认证程序的疑问，引发了这些关注。第二个监管的关注点在于可识别的健康信息，即哪些信息可以被用于汇聚、存储或传输。在如今的一些特定环境中，根据各个管辖区域各自的法律规定，部分此类信息已经被认为是受法律保护的健康信息。随着对于可穿戴设备的监管环境的不断进化，需要多种不同类别的测试去评估它们的安全性和可靠性。建议纳入测试范围的内容包括：电学和机械学角度的安全性、化学成分识别或危险材料识别、电磁兼容性、性能与功能性、数据的完整性和安全性。在私有—公有数据云模型下，这样的测试和认证还需要扩展至对数据交换的质量、完整性和安全性进行测试，甚至可能需要开发出更好的应用程序编程接口与协议标准以解决可能会出现的新问题，比如说出现数据偏差时会产生的潜在数据间隙。

然而，需要着重指出的是，将数据汇聚起来只能用于阐明事实。重要知识的获取只能来源于对数据的分析以及对深度洞察的提炼，然后再用这些细致入微的洞察去启发有意的行动。在未来，不管是由精英体育界高效率的管理者还是由具有雄心壮志的"周末勇士"去驱动这一过程，这样的深度洞察和重要知识都会促成并支撑全新的商业模式。比如，通过"使用你的数据进行支付"，实现将数据仪表盘和趋势分析作为一种订阅服务提供给职业或业余的运动员。

无数个个体的活动数据汇聚起来，还可以用来为城市景观建设提供深度见解。就像"跑遍阿姆斯特丹"计划一样，使用"来自群众的"数据，这项计划绘制出了全城的跑步、骑行、爬山、滑冰以及其他活动的热度地图，揭示出了城市中各个区域正实际遭遇的"瓶颈"。从分析中获取的知识可以被转化为智能城市和景观规划中的战略与设计建议。除了将来自群众的数据用于城市规划，另外一个可能的应用场景在于，将运动员使用的智能设备和城市中的物理基础设施以实时的方式连接起来，这意味着慢跑小径旁的路灯能够根据是否有人靠近，实现自动开关，或是当有运动员开启自己黎明或黄昏的训练活动时，这些路灯由夜间模式切换为泛光灯模式。类似于2019年在维也纳指引埃鲁德·基普乔格完成"2小时以内跑完马拉松"挑战的绿色激光光束，佩戴有连入物联网的可穿戴设备的业余选手，也可以借助智能城市中跑步或骑行小径旁的灯光基础设施，为训练时的配速提供引导。参与社区体育活动时，连入物联网的基础设施与可穿戴设备进行配对后，能够简化计时和注册等基本操作。此外，对于体育设施和重要器械的使用可以由连入物联网的基础设施来进行监管，而无须再安排专门的工作人员去看守，从而延长开放时间。像这样的连入物联网的基础设施，可以基于物联网和地理围栏技术，使用类似于电动滑板车共享经济模型的方式进行操作和运营。

三、传感器与无标记视频的融合

顺应以更个性化的方式参与体育的大趋势，追赶着对训练方案、运动负荷以及表现提升进行追踪的潮流，越来越多的业余运动员开始使用非侵入式的个人监测设备。与职业体育界通过侵入式的数据采样技术结合全球定位系统、射频识别技术以及基于视频设备的方式去监测生物和医疗指标不同，针对业余或有雄心壮志的体育爱好者们的消费者市场之所以也能得到增长，正是因为可商用化、可穿戴的传感器技术的发展。诸如心率、体温、呼吸频率、出汗率这样的重要指标，开始和有关移动的测量数据结合起来分析。在现实中，这一领域涉及的传感器和设备，有靠近运动员身体就可以使用的，也有贴合身体甚至嵌入体内这样更为定制化的使用方式。要特别提及的是，应用程序使用嵌入在智能手机内部的传感器技术正被使用腕带式活动追踪器或智能手表去测量靠近身体的指标的技术所取代，而且此类应用程序的数量正急剧上升。头戴式设备方面，除头盔摄像头以外，其他诸如入耳式耳机、穿戴在两肩胛骨之间的多运动传感器之类的可穿戴设备，在普通体育爱好者之中也逐渐被认可和接受。另外，嵌入在运动服饰和鞋具之中的传感器由于还未能处理好性能方面的问题，其接受程度慢于预期，甚至无法按照预计时间带来利润回报。

研究表明，在有些情况下，对于来自可穿戴传感技术的数据的可靠性、灵敏性及有效性的科学评估是非常有限的。在一篇综述中，用表格罗列了被监测和记录的训练数据、健康数据类型以及所使用的传感器技术。研究发现，必须要同时结合使用多种可穿戴设备，才可能捕获一个运动员训练进展和健康状态的全貌。与此同时，该研究还确认了运动员、教练员和从业人员都无比坚持的一点：最小化一个运动员穿戴设备的时间并且尽可能地减少设备对于运动员以自然方式进行运动训练的影响与妨碍，是非常重要的。将传感器和设备整合到运动服饰中（也就是"智能运动服"）的速度要比预期的慢，因为现在数据传输、电池蓄电、能量采集等方面还存在技术限制。运动员需要智能运动服足够灵活且舒适，不会让他们感受到任何不适，也不会限制他们的竞技表现以及技术动作执行。

特别是在职业体育界，教练员和理疗师在实验室环境和比赛中应用视觉动作捕捉技术，已经有很长一段时期了。基于全球导航卫星系统和本地定位系统去采集移动和位置数据的早期，人们认为基于视频的运动表现分析和基于传感器的移动分析是截然不同且相互割裂的。然而现在，全面整合基于视频和基于传感器的数据并互相进行校准，成为一种极具潜力的方式，能够让人们更加完整地去理解运动表现分析。使用基于传感器的数据去强化基于视频的数据，就像是为电视直播补充上可隐藏的字幕一样。

在过去，体育或临床医学领域使用的生物力学分析依赖于在监测目标上部署标记，然后在限定的范围内使用高速摄像机技术去捕捉其移动。在如今的实验室中，将惯性和红外传感器采集到的数据与视频图像进行融合分析，已经触摸到了全面捕捉位置、加速与方向数据的门槛，并且具有分析计算平衡性、移动范围以及动作校准的功能。与这种实验室内的评估方法类似，电子定位和追踪系统的供应商也开始整合来自视频分析定位系统的数据。此外，对于移动捕捉而言，以符合全球认证标准的传感器系统采集到的数据为基准，进行比对和校准，以此来量化数据采集、处理以及分析的准确性，是一条社会公认的黄金准则。

在未来，融合基于传感器的数据和视频信息，使用无标记动作捕捉系统就能实现三维生物力学动作捕捉。再加上不断整合强化的传感器系统，这样的发展趋势最终会形成多尺度的人类运动表现建模与模拟方法，从而对理解身体运动表现中的生物力学与生理学因素提供帮助。比如说，使用智能压缩运动服采集到的与肌肉活动和疲劳度相关的运动表现指标，已经被拿来和高速骑行自行车过程中的肌电图做比对。这项研究验证了，肌肉活动和疲劳度是可以被采用压力传感技术的智能压缩运动服所采集的。无标记的生物力学评估结合骑行的功率输出数据进行分析，也已经在公路骑行环境中进行了测试，以此来提升运动员的效率和改善竞技表现。两个研究案例都表明了，测定一名运动员的自身资质，要想对其生物力学分析、运动技巧执行效率以及必须达到的训练要求有全方位的理解，需要融合非侵入式的传感器数据、视频剪辑数据以及基于血液标志物的诊断，甚至还可能使用到基因信息。这种融合所带来的最终结果将会是针对一名运动员设计出完全定制化和个性化的模型。如此全面的模型将具有多种多样的数字化模拟的能力，比如说对训练方案预先进行情景测试，或是在某位运动员的数字化替身（又名"数字孪生"）身上执行伤愈康复计划。

关于那些不断自我优化的算法，值得注意的一点是，理解人类的移动是计算机视觉、机器学习以及人工智能方法完全理解人类运动表现的先决条件。最终，这一领域的进步将会完全改变现有的人类运动表现分析方式，从"感知然后响应"转变为"预测然后执行"。在未来，机器学习和人工智能算法，基于全面融合后的来自生物标志物、非入侵式传感器以及视频采集和分析设备的数据信息，有望在伤病发生之前就向教练员和运动员发出预警，而不是检测到伤病发生之后才给出纠正建议。此外，人工智能还可能最终被用于预测比赛中的战术选择，比如说预测对方球员和球队的移动路线，创建出其各种场景下的战术手册。一旦这些技术能力在精英体育赛场中得到验证，相关的科技手段就会转化到大众的强健体魄与身心健康之上，并为医疗和保险供应商带来扩展和精进其商业模式的全新机会。

四、物联网对于各个垂直产业的影响

（一）保险难题

从保险行业诞生之初，其商业模型就一直按照"风险转移"和"损失分摊"的方式进行规划。个人或团体通过支付保费的方式购买保险产品，然后将风险转移到保险公司身上。一般来说，保险公司本身还会将部分风险再次分担给另一家保险公司（称为"再保险"）。

在国外，有一个立法和监管框架从全局上管理着保险行业、企业诚信、消费者保护与牌照发放，还有反歧视制度。在反歧视制度下，保险行业仍旧会有一些特定情况下的豁免空间，这使保险公司有可能对投保人进行区别对待。其中一个看上去有理有据的特定条件，就是基于能够公开获取的"精算和统计数据"。然而，就像国外某法律改革委员会指出的那样，"在承保和定价过程中保险公司所依赖的大部分数据，都不是公开可获取的"。

有一段时间，健康保险公司曾试图鼓励保单持有人采取健康的生活方式，通过媒体出版物和会员资讯服务向他们提供有关营养搭配、运动锻炼和整体生活方式的建议。尽管如此，保险公司提供的健身追踪设备和智能手机应用在该国的保单持有人之中的接纳度和使用率也只是不温不火。对此，有些消费者表达了自己的顾虑，他们认为消费者订阅使用由保险公司维护的健身追踪设备和智能手机应用完全只是单方面给保险公司提供统计数据，甚至可能导致自己在之后被区别对待，比如说有些消费者可能需要缴纳更高的保费。因此目前看来，由第三方的运动服饰公司或技术供应商运行维护的智能手机应用和追踪设备，相比于保险公司自己来运行维护，会有更高的接纳度。不过，将体育和健身领域中的知识转化到身心健康领域，对于医疗和保险供应商目前的商业模型来说会是一个挑战。与此同时，个人用户的活动数据、采集自非侵入式传感器和设备的生物标志物数据、存入档案的健康数据以及非处方药的购买历史，拥有海量此类数据的势头强劲的科技股份公司不仅可以开始承担保险经纪人的角色，甚至可以自己进军医疗和保险领域成为供应商。

（二）智能场馆：智能城市的子集

比赛日之前，甚至赛事或活动真正开始前的一段时间，即将到达现场或已在场馆内的体育粉丝和观众是需要和活动组织者进行互动的。在第一阶段，也就是活动日之前的时期，下单购买和真正锁定门票之间的时间间隔，会因为粉丝或观众类型的不同而有所差别。当活动参与者是一名季票持有者或是会员的话，消费者与活动组织者之间的交互在赛季拉开帷幕之前就已经开始了。而单场活动门票的购买者，其互动开启时间则更加接近活动的开始时间。迈入第二阶段，也就是活动当天活动真正开始前的几小时，活动组织者可能会向活动参与者提供各种有用的信息，其中就包括前往场馆的路线图、到达或进入场馆的流程等。在场馆内通过生物信息识别去管理场馆的入口或是确定购买折扣，是简化流程、增加收入的一种方式。在活动日当天，使用人工智能优化场馆内部交通和人流量、通过实时推送通知的方式将粉丝和观众指引至验票处。由此，解决一个智能场馆中的种种优化问题，也可以被视为对智能互联城市中的相关问题进行证明和验证的过程。

　　长久以来，职业体育队和活动组织者一直都在试图解决一个难题，那就是如何在统计数据表明每卖出去2.8张门票只能记录下1位购买者姓名的情况下，更好地和来到现场的粉丝们进行互动。哪怕是对季票会员，也会出现类似的问题，尤其是当季票持有者将其座位转让给其家庭成员或朋友之时。作为应对手段，越来越多的场馆运营者开始应用智能手机技术，将他们的票务系统从纸质存根转型为数字票务平台。大多数的职业体育队现在也开始提供品牌化的移动应用，帮助粉丝或观众进入场馆，或是在观看比赛的同时获取更多额外的信息。

　　不管在何种情况下，有着使用服务、移动商品和货物以及访问基础设施需求的现代化场馆，都可以被视作一个大都市中的一个小辖区来运营。当嵌入更庞大的基础设施网络之中时，场馆不仅需要满足某一项特定的基线要求，而更重要的是，要能达到巅峰时期的负载管理要求。因此，对场馆状态及现场活动进行实时且不断更新的监测，对于优化一个体育与娱乐辖区的粉丝体验并最小化运营成本是非常关键的。

　　原本用于电动车的电池或是类似的能量存储系统正被安装到体育场馆之中，从而在关键时刻提供备用，提升电力供给的峰值，这是努力优化场馆运营的一个典型案例。包括基础设施、安全保障、赞助行为、粉丝互动在内的场馆运营事务，都有可能通过数字模拟的方法被优化。场馆的"数字孪生"的未来形态是，能够预测出可能的运营操作"瓶颈"，并且主动提供更有效的运营流程，从而提升服务体验。

　　随着场馆内的观赛体验需要和前所未有眼花缭乱的直播观赛体验相竞争，场馆内摄像头系统变得越来越重要。多摄像头或是基于传感器的官方与裁判辅助技术，比如说足球中的门线技术、视频助理裁判以及虚拟越位线，或是橄榄球中的图像处理系统，为场馆内第二屏幕应用带来了新的机会——不管是在体育场中的大屏幕上，还是在个人的智能设备上。在未来，完全可以想象类似的官方与裁判辅助技术将会以投影或灯光的形式，直接显示在正在进行比赛的赛场之上。为了让这样的进步成为现实，场馆内的高带宽无线网络或下一代无线网络将成为场馆拥有者寻求为粉丝提供更高级别互动体验的关键条件。相关的基础设施还能够给互联网公司越过运营商流媒体服务或传统的体育转播提供增值内容。结果将是，场内观赛体验和线上体育赛事直播都会受益于科技创新，改进其工作流程，并增强其数据分析能力，作为解说评论和高光集锦的强有力的内容补充。

　　无论是场馆内还是直播中的观赛体验，其关键的一环都将会是低延迟甚至无延迟的第二屏幕应用。比如,实时显示从运动员追踪、具有感知能力的赛场地面或运动装备以及即时教练资源采集到的当前比赛数据,然后将它们发送到个人设备上。这种定制化、个性化的服务,可以被整合到不同层级的票务定价或会员结构中。当一名观众的设备或眼镜指向某个特定的运动员或是赛场上某块区域时,除了预先设定好的数据,还能将运动员的实时个人数据显示出来。此外,观众甚至能够成为比赛或者直播的一部分,自由选择摄像头视角、挑选喜欢的解说员或是将用户生成的评论发送到场馆内的现场活动中。这样的科技进步能够满足那些充满激情的超级粉丝的诉求。同时,也不难想象,现场体育观赛体验中可以无缝融入范特西类体育游戏比赛,在赛事暂停或是休息的间隙开展。如此一来,一个智能体育馆便成为一个实时的、发生在场馆内部的、在所有粉丝和观众之间进行的电子竞技比赛。还有,体育管理组织看到这样的变化:恰当应用的裁判回放和其他后台活动,开始促成额外比赛规则的诞生,甚至包括将部分投票或打分的权利交给看台上的观众。

正如前文所述,比赛中实时数据的强化与融合、更丰富的直播内容供给以及将范特西类游戏融入现场互动之中,要想实现这些,需要对场馆内的高带宽无线网络或下一代无线网络相关的基础设施进行大幅升级。完成升级后,才能够更好地管理商品销售和折扣优惠,也能扩展到连入物联网的旋转闸门或观众入场系统。再加上公共—私有数据云基础设施以及观众有选择地共享数据,能够为赞助行为、合作伙伴促进以及消费者忠诚度等方面创造新的机会。比如说,场馆内体验升级或是个性化的座位选择,享受在运动员入场通道旁专属的运动员观众见面机会。

(三)赛事直播领域媒体版权与数据版权的分化

足球方面的版权占全球总版权价值的大约40%,接下来依次是美式橄榄球、篮球和棒球。不过总体来看,越来越多的消费者不再通过传统的直播渠道消费体育内容,而是使用移动设备观看流媒体内容。由越来越全球化的粉丝互动所驱动,一方面,消费者已经准备好了在一场特定的体育比赛或是自己喜欢的球队的比赛在本地频道不直播的时候,付费订阅流媒体服务;另一方面,技术供应商和电信运营商越来越把体育版权视作吸引客户使用他们的基础设施和网络服务的重要方式。在有些情况下,由于一些独家转播权安排,消费者会遇到这样的情况:大型体育赛事或联赛的直播和其他一些他们原本不会去选择的服务捆绑在一起。

基于当下普遍采用的技术,目前大多数流媒体应用的延迟一般在30秒到45秒,有时甚至会更长，而传统有线电视直播的延迟则为 5 秒到 10 秒。虽然这样的延迟可能对于远离比赛现场或者在家收看的观众的观赛体验并非那么重要，但它肯定会对体育比赛现场的第二屏幕体验带来负面影响。对于一些体育项目来说，情况尤为如此，比如赛车、赛马这样在某个赛道上高速进行的体育项目，再比如需要切换多个地点的比赛，如高尔夫、自行车巡回赛以及包括超级耐力赛在内的田径项目。因此，当赛事组织者向场馆内或场馆周边的观众提供高速无线网络接入服务时，他们搭建基础设施的核心考量将会是无线网络设计的质量，而非对建设成本斤斤计较（比如说，一场紧追车尾式的赛车竞速）。

与传统直播方式相比，互联网公司越过运营商流媒体能够提供的能力和平台，将会获得场馆内观赛和第二屏幕直播体验的共同青睐。未来，低延迟的流式传输将会避免如今流媒体相较于传统电视直播的时间滞后。最终，体育数据版权将会从媒体直播版权中分化出来，单独签订合同。

五、知识扩散：从体育转化至其他垂直领域

（一）从体育到专职医疗

体育科技可以被视为一个极佳的验证平台，用于验证体育领域之外的应用，或者将所得知识扩散到其他赛道之中。相较于被高度监管的市场，比如说医疗科技，体育科技领域的进入障碍会小很多。体育应用，尤其是在精英体育界，一般聚焦点在人类运动表现和伤病的预防或恢复之上。然而，迈入强身健体和身心健康领域，则将关注点转向了健康生活和与生活习惯相关的疾病（比如说肥胖）上。普遍来说，非职业运动员的目标是强健体魄或是加快康复速度，而精英运动员在设计训练时，则落脚在某项特定的力量表现以及伤病预防上。当将应用和科技解决方案从精英体育界转化到业余健身与健康领域时，需要更复杂的监管机制，而关注点也会转向评估、监测和治疗。

由于符合精英运动员关注竞技表现的需求，有关人类运动表现的科技应用可以先在体育领域实现验证，然后转化到专职医疗市场。现如今，最初用于精英体育界的运动健身设备，已经在监测病人健康状况以及某种特定的健康指标方面找到了应用场景。除此之外，传感器和设备还被整合到了老年人退休后居家护理的场景之中。除了简单地使用加速计去监测绊倒或摔跤，智能鞋垫可以捕捉步频、步长，识别脚部的碰撞、旋转与非对称性，检测病人的健康状况是否恶化。然而，在未来，体育科技在价值曲线中得到提升的应用数量

是否会超过医疗科技向下转化到身心健康与体育领域的应用数量,仍旧有待观察。

(二)从体育到职业健康与安全

因为体育应用总体集中在人类运动表现之上,所以体育科技能够被进一步地转化到职业健康与安全这样的赛道中,也是合情合理的。在运动服饰和护具中为了提升竞技表现或预防伤病而使用的高新材料,就可以从体育领域转化到职业健康与安全领域。除高新材料之外,用于比对技术动作执行的运动传感器和设备也可以在其他职业领域的动作姿态和工作负荷管理上起到作用。现如今,来自体育领域的那些嵌有加速计、陀螺仪和磁力计的设备,已经被用于监测具有挑战性的工作环境中的有问题的动作姿态、重复或冗余的操作以及肌肉活动。在未来,雇主、健康专家、保险公司或监管机构在一名员工发生工伤后需要为其制订重返工作岗位的计划和执行过程的场景下,此类设备也可以被可靠地部署使用。

此类技术转化涉及的内容可以远超出转化原本用于体育的传感器和设备,软件分析、数据仪表盘以及预测性算法同样也可以被转化。由于体育领域中机器学习和人工智能算法已经从"感知然后响应"向"预测然后执行"进化,这些算法模型可能同样可以对工作场景中的意外预防带来帮助。由于智能制造生产是推动第四次工业革命的关键之一,将预测运动员负荷的模型结合到机器和生产线的模拟之中,形成一个复杂人机交互过程的真正意义上的数字孪生,是一种可行的做法。此外,基于这样的数字孪生模型,用于体育领域中反复模拟重演赛场情景的增强现实和虚拟现实应用,能够被用于工作场景中的操作培训、技能开发和危险预防。

第二节 体育中的大数据、人工智能与量子计算

竞技体育和体育比赛能够激起人们强烈的情感投入,以卓越的运动竞技表现换来观众发自肺腑的兴奋与赞叹,无论老幼,无论处于古代还是现代社会,国际足联世界杯总共吸引了31亿人观看,相当于全球4岁及以上人口的一半。而很少有事情会像以体育为中心的话题一样,让人们以如此的方式(或达到这样的程度)陷入争论并拥抱忠诚。然后,并不令人意外的是,体育环境近些年已经为大数据、人工智能和量子计算领域的新技术所融

入,这些技术的能力能够带来更精准的数据采集与更强大的数据分析,增强体育相关的决策,从多方面改善体育组织的表现。政治活动、政府和商业领域使用源自人口普查、选民名单等渠道获取的大数据,积极扩展边界以抢占先机并且尽可能地了解他们的选民或消费者,与他们一样,职业体育这样的竞技环境之中的决策者也会自然而然地被激励,去使用那些利用先进技术的潜能去增强决策能力的工具和器械。

一、传感系统的力量

科技呈指数级增长——包括用于监测运动员生理过程的可穿戴式的非侵入性和非创伤性仪器——打开了理解人类天性的新方法。表面电极这样的非侵入式工具颇具吸引力的地方在于,它们具有识别心理或大脑过程的潜能,这一点是其他工具难以测量的。它们产生的丰富且持续的数据带来了理解人类动态、洞察体育场馆内外混沌的人际交互的新方式。这些多模型工具,可以被恰如其分地称为"社会功能性磁共振成像",让训练师能够将运动员置于社会超级对撞机之中,通过结合多种数据来源,实现对与行为和环境条件相关的实时且持续的生物数据的 24 小时测量。通过对个体的环境和情景现实进行正确的观察与调控,这种现实挖掘能够让训练师获取有关运动员身体和精神状态的更丰富且真实的肖像,以及他们对训练内容或者语境环境因素(如赛前、赛中和赛后)等方面的变化所做出的不同反馈。

这些数字足迹目前主要聚焦在赛场上的运动和训练数据上,用于提升运动员的竞技表现、长期健康状态、抗压能力,甚至延长他们的职业生涯。精英体育界通过应用多种可穿戴技术,实现实时数据分析。

不管怎样,尽管目前生物传感领域的研究主要还在关注与运动锻炼相关的生理学数据,新技术所具备的能力可以远超出这一范畴。比如说,相关学者研发了一款社交计量器,用于量化人类在社交网络之中的社交行为,其中关注了包括肢体语言、面部表情、语音语调以及说话参数(如能量、音高和讲话速率)在内的社交信号。他们的研究目标中还特别关注了对话中的话语权转换这样的社交互动行为,同时还通过韵律和重音变化测量了人的压力状况。根据相关人员的说法,这款社交计量器能够通过监测用户行为和他们周边环境(包括位置、氛围以及其他对话中的因素)的传感器,"准确预测约会、工作面试甚至薪水谈判的结果"甚至基于开源软件开发了一款"智能手机上的大脑扫描仪",能够实时提供大脑活动的图像(低密度神经成像),使用紧贴在头皮上的有着 16 个电极的神经头套,生成三维立体脑电图。理解大脑和运动表现之间的联系是我们所需要的，这样的移动式大脑扫描仪应用在运动员身上可能会有巨大的潜能，尤其是如果它们的佩戴方式是非侵入性的话。

相关部门在 2015 年 3 月的规定——可穿戴技术能够在正式竞技性足球比赛中使用——扩展了这项技术的应用场景。因此，实时观测球员表现、做出高风险高收益的决策不再只局限于训练环境之中，也允许在真实的赛场环境中使用。这些新生成的信息能够为战术选择提供支撑，辅助球员的训练，让他们变得更具竞争心、关键时刻抗压能力更强。使用这些可穿戴技术获得即时反馈，因而能够转变精英体育环境中比赛的组织运行方式。传感系统还为量化运动竞技表现提供了新的方式。比如，更好地预估轮椅体育项目中的速度、加速度和作用力能够改善轮椅这一代步工具的移动表现。

二、人工智能技术和量子计算

（一）人工智能技术

人工智能已经走过了漫长的道路，当时有关学者对于分析机具有先知性的构想，预见了人工智能的未来。人工智能和量子计算为高效地使用计算机、应用概念和模型去更好地理解运动员和他们的对手，带来了全新的方式。将基于人工智能的方法应用于体育之中，已经在非常多样化的领域引起了讨论，如生物力学、运动学以及生理学的子领域适应过程，其中最早出现的商用化计算分析甚至可以追溯到 1971 年。

人工神经网络是人工智能应用的核心，因深度学习的成功而被人们大肆宣传。这一技术对于体育环境来说是非常有吸引力的，它可以作为一种模型训练的方式。比如说，并行分布式处理拥有学习模式和关联的能力，它不仅能够识别出不完整的模式，还能通过约束满足，忍受那些杂乱无章的证据。人工神经网络因而十分适用于体育，这一领域需要持续不断地与海量数据、动态以及输入输出之间的复杂关系作斗争。人工神经网络的应用天地非常广阔，从人才发掘到评估比赛策略，再到预测伤病和训练负荷或是整体的竞技表现。比如说，相关的实验显示出，人工神经网络能够以极具意义的准确度预测伤病（接触性伤病为 97.3%，非接触性伤病为 92.2%），因此它们能够被用作评估受伤概率的额外工具。将这样的模型和对于纵向变化的持续监测结合起来，能够提升对于多种伤病因素和伤病风险动态性质的理解。引入新的技术能够建立更好的伤病治疗方案和伤病预防规程，避免因过劳而引发的伤病，并且更好地监测伤病风险因素和症状。因此，专业化的运动生物统计学家正在职业体育中变得越来越重要，不仅因为上面描述的这些能力，也因为设计和改良伤病监测系统所需的专业知识。这已经推动一些学者发出号召，表达出了对培养这一领域专门的研究者和从业者的迫切需求。

根据有关的研究，人工神经网络还能被用于预测橄榄球比赛的结果，尽管研究中的预测对象是赛季末的比赛，会引起人们对算法能否有效预测赛季初比赛的结果的怀疑。虽然如此，但由于球队赢得比赛的方式并不会随着时间推移发生太大的改变，该作者认为过往赛季的数据统计能够被用于训练神经网络这一假设是合理的。事实上，团队运动能够为神经网络探索提供广阔而多样的场景，比如说使用谷歌算法中基于网络理论的测试去研究足球传球，他们使用的数据来源于 2010 年国际足联世界杯淘汰赛阶段的比赛。两位作者定义了球队的传球网络，以球员为节点，"用带箭头的线连接两名球员作为边，并以他们之间成功传球的次数为边的权重"。这些传球就像是从一个站点跳转到另一个站点的链接，代表着对于一名球员的信任程度。西班牙不仅赢得了当届世界杯的冠军，还在上述的传球网络构建中，拥有最高的传球次数、聚类和团规模，网络边界连接度很高而介数中心度却很低。这一切都反映出了西班牙的"团队足球"或者说是无中心枢纽的足球战术赛场风格。

以体育专业知识、运动技能测试、形态特征测量以及功能性测试为基础，融合了模糊逻辑过程的专家系统也被用于识别体育人才。比如说，使用神经网络技术去发掘游泳表现中的可解释性因素，使得我们能够开发出高度真实的运动表现预测模型并且不断提高其预测精度（比如说，真实表现与预估表现之间的误差小于 0.8%）。这一研究发现意味着，神经网络对于解决表现预估和人才识别这样的复杂体育问题来说，是一条康庄大道。

（二）量子计算

什么类型的计算机才有能力去模拟物理，尤其是考虑到尽管物理世界是量子力学的，一些特定的量子力学效应是无法被一台传统计算机有效模拟的。尽管如此，量子计算机也是一个有着巨大潜力的新兴领域，能够颠覆性地改变学者思考复杂性的方式。国际商用机器公司和谷歌这样的核心入局者在量子计算上投入巨大，前者在其旗下的相关计划（整合了财富世界 500 强企业、创业公司、学术机构与研究实验室的团体，共同为推动量子力学进步并探索其实际应用而努力）中大规模采用量子计算。近两年，国际商用机器公司开放了它的量子计算中心，不仅扩展了庞大的量子计算系统舰队，还将 20 量子比特系统实现了商用化并可用于广泛的科研活动,而非只局限于实验室环境中使用。最新发表的一篇论文中,谷歌的科学家们宣布他们实现了"量子霸权",他们的量子计算机的计算能力不仅超越了传统的超级计算机,甚至需要最前沿的传统计算机花费大约一万年的时间才能完成同样的计算量。国际商用机器公司的学者则就此进行了驳斥,他们认为哪怕是在最糟糕的情况下,在一个传统计算系统中理想化模拟同样的计算任务也不会花费超过 3 天的时间。

因此,量子计算机以及其并行计算能力在体育上的应用会是非常有前景且有趣的,因为它能打破传统信息结构的局限,量子信息系统打开了一条充满价值的大道,能够处理体育生态系统中丰富且复杂的数据。比如说,微型量子计算技术能够促成便携式传感设备的全新形式,从而在日常使用中增强它们的监测能力、准确度以及系统集成度。同样地,通过催生即使是最先进的超级计算机都不足以运算的计算任务,量子计算机能够支撑全新的体育相关大数据分析方式。它还能大幅提升那些为同时探索大量不同路径而设计的算法运算速度,这对于战术分析和团队运动实验来说是再明显不过的机遇。除了这些令人印象深刻的先进性,量子计算还能为体育运动提供一个有趣的新选择,创造量子形态的体育游戏,其中最迷人之处就是使用创新类型的物理引擎。比如说,球类项目中的球员不仅可以评估另一名球员做出反应的概率,同时还能获取合乎情理的球飞行轨迹的样本,让他们能够做出更有趣的处理球选择。运动员可以在这样的游戏中学习和识别新的比赛策略。

三、依靠数字的力量取胜并与之对抗

体育竞技对抗和军事活动有很多相同的特征,二者都以寻求胜利为目标,经常会使用"击败""攻击""进攻"或者"战术"这样的术语。在这场你追我赶的竞赛之中,找寻竞争优势是永恒不变的话题,而秘密武器则会是区分落败和取胜的关键。既然有如此强大的动力去获取竞争优势,无论是运动员还是运动队都越来越多地转向大数据和人工智能领域中更多的技术,以寻求帮助。

(一)体育数据分析

虽然数字化技术越来越多地出现在体育数据采集之中并不断改善着体育数据分析流程,但这些分析和报告其实并不是什么全新的东西。棒球作为美国历史最久远的职业体育项目,早在 1854 年就被开始记录比赛结果了,甚至比 1869 年第一支职业球队建立还早了十几年。自此,美国的报纸开始刊登比赛数据并加以统计,来回顾业余棒球比赛中参赛者的竞技表现和取得的成就。为什么是从棒球开始呢？因为打者和投手之间的一对一对决是棒球比赛的核心动作，相较于篮球和冰球这种交互和对抗更强更随机的团队体育项目，棒球更容易被测量："如果打者成功击中球并完成上垒，那他就'赢得'了对决；相反地，如果投手成功让打者出局，那他就是胜利者。"

20世纪60年代开始，美式橄榄球和篮球都开始记录详细的比赛数据。1971年，美国棒球研究学会成立，从此大量职业体育队开始在数据分析部门进行大量投入。在英国，这种对于数据的持续记录始于索罗德·查尔斯·里普，他对于足球运动当时的慢节奏和边锋边缘化感到非常沮丧，于是便开始记录并分析数据，这最终促使他受雇成为布伦特福德俱乐部的兼职顾问。总体而言，所有这些体育数据分析的兴趣点主要聚焦在找寻量化识别技巧、效率和有效性的新方法，以此来应对体育环境中的复杂性。

近年来，体育数据分析受益于更好的数据流与数据采集性能。比如说，由国际商用机器公司持续可用性服务部门的数据分析团队设计的实时数据系统帮助体育赛事组织者使用大数据，通过推特、比分、赛程、球员信息以及持续的文本化网页内容更新等数据流，为粉丝提供更赏心悦目的由数据驱动的体育观赛体验。与之类似，2016年的澳网公开赛使用国际商用机器公司的持续可用性服务，基于混合云计算平台分析现场观众的表情反馈与情绪，基于自然语言处理技术实时分析推特流获取社会大众的反响。这些应用仅是众多案例中的两个，展现了数字化技术在采集、管理和组织视频图像上能力的提升，以及它能够如何被用于提升体育数据分析。

事实上，体育赛事直播总体上已经深切感受到了计算机视觉创新所带来的好处，其中有些著名的应用让电视主持人能够详细探索位置或轨迹。人工智能系统不仅能够辅助体育记者，提升他们对于赛事的解读和叙述，其中的新技术还能够克服体育场馆中视频采集的不充足和计算设施的不完备，正是这些缺陷使得高速交互的团队运动中使用自动化追踪技术长久以来一直失效甚至无法开展。以现代大数据手段和不断提升的数据可获取性为基础使用算法，让研发出全新的运动表现因素成为可能，比如说基于位置追踪数据的空间控制、区域人数优势、压迫指数等，甚至有可能量化"危险性"。

（二）战略性精英运动员发展

从初学者到资深者的转变是极具挑战性的，即使有很多人都在精英体育训练营中接受过训练，但也只有少数运动员能真正迈向职业联赛。现在，对于一个成功运动员的职业生涯是如何发展的，我们的理解和认知是非常有限的，这些成功运动员的生涯是否和低年龄段或低级别比赛中展现出的竞技表现相关，我们也了解甚少。然而，新技术能够超越原本完全以结果为导向的人才识别，对传统的人才识别方式造成挑战。比如，这些技术可以消除决策过程中人类的感性因素和记忆偏差，如近因效应和首因效应。

此外，近几十年越来越强调采用战略性方法去培养精英运动员，在这样的背景下，对于开发出适用于运动员各个发展阶段的训练方法和运动技巧，大数据和人工智能则可以带来颇具前景的全新方法。比如说，一个有趣的挑战在于，如何制定体育战略，规定青少年体育中的范围、尺度和区间。在体育之中，物理环境的范围和区间体现在装备和场地的修改调整之上，而这是相对容易实现的。现在，范围和尺度还有可能会对参与者心理和情绪造成重大影响，尤其是在运动环境或训练方案是如何构建的方面，比如，对于运动表现的鼓励和反馈，或是在场地更小、球网更低的网球场中的运动强度，再如，使用更轻的球拍对技巧表现（如挥拍击球的能力）的促进。

总体而言，并非要放弃或重构原先的决策方法，技术发展只是加强了它们，对于运动员职业生涯前景的强大计算评估，能够为传统球探方法带来补充，扩展后者的见解与判断。这些技术甚至还能通过全新的运动表现指标找到那些被低估的技巧。

（三）训练和战术分析

早在20世纪80年代中期，战术经验评估就已经开始采用个人电脑。如今，在职业体育中应用大数据能够大幅影响训练师的决策。比如，全新的数据获取过程能够提供额外的深度洞察，进一步了解运动训练的效果以及运动员对它们的反馈，从而让训练师能够优化训练机制，同时将每位运动员的特点考虑到其中。与之类似，自动化的球员追踪系统能让团队运动中的教练和运动员都受益，使得所有的利益相关方都能够以更细节的方式审视团队交互和群组动态。新技术还能够生成模拟，基于人际协作和比赛决策，去预测团队行为、生物力学或运动控制等方面的影响。目前，虽然技术应用具有如此大的潜能，但很多体育组织还是基于经验和直觉去制订训练过程，使用已有训练量化模式中的核心组件，并主要基于心血管健康、力量、技巧和心理去评估它们与竞技表现之间的关系。

诚然，体育世界中复杂的战术分析是一项具有挑战性的工作；尤其是在团队运动之中，不仅需要满足数据的可获取性与可靠性，还需要具有在不断变化的环境中持续探索这些数据的动态性能力。考虑到人类自身计算能力有限，教练的个人经验可能不足以持续稳定地设计出合适的团队战术(比如个性化的逐场比赛调整)。同时,基于观察的比赛分析也太过消耗时间,这变相增加了以更量化为导向的分析方法在足球这样的精英体育领域的重要性。由于量子计算和量子信息科学打破了传统信息提供方法的限制,它们能够在各种环境下更高效地去对复杂性进行探索,测试和模拟多种战术选择,就仿佛"知识加速器"一般。复杂的球员追踪技术,尤其会让快节奏的团队体育项目(如足球、篮球和冰球)获益,帮助团队改善训练、识别人才以及发掘潜在的未来职业球员。

越来越多的体育项目使用来源于人工智能或大数据的深度分析去驱动比赛中的战术决策,其中另一个原因是教练需要对场上情况进行持续公开监督,诸如早期预警诊断这样的信息,能够为教练的球员轮换决策和疲劳状况判断带来巨大的帮助:"如今,当一名球员换下另一名球员时,会用胜利替代值来评估他贡献了多少。"通过同样的方式,生理传感系统能够在一个人自我意识到发生了什么事情之前,就预示出个人行为所产生的影响。比如说,在相关的一项有趣实验中,每个人会面对四摞卡牌,其中两摞每次抽牌的回报和损失都很小,但能确保长期的收益,另外两摞每次抽牌的回报和损失都很大,但长期而言一定亏损。很明显,当玩家开始这项实验的时候,他们并不知道每一摞牌的属性。实验的结果非常有趣,玩家在真正知道为什么之前,就已经开始选择从能最终盈利的牌堆中抽牌了。通过监测被试者皮肤的导电率,研究者确定了每当被试者考虑从最终亏损的牌堆中抽牌时,他们的皮肤传导就会达到巅峰。这种无意识的生理反应会转变他们的选择,让他们对最终亏损的牌堆望而却步,直到后来他们才会理性且有意识地认识到自己为什么应该那样做。

第三节 虚拟现实与体育的融合发展

从历史上看,体育一直是替代现实的"独立空间",它不受日常生活中的诸多限制,适用于大众社会的规则往往不适用于体育,在很多方面都是如此,这正是体育独特的刺激和有趣之处。例如,在拳击或橄榄球等对抗性运动中,球员被要求对他人进行人身攻击,而在这个受保护的世界之外,同样的行为会被视为不正常甚至非法。因此,体育允许参与者在一个相对安全的空间里探索新的社会互动,通过他们创造的规则和建立的规范,构建出

"半真实"的氛围。在这个意义上，体育一直是不真实的空间；它们是戏剧性的环境，在这个环境中，竞争者们追求卓越和胜利，熬过艰难和低谷，彼此争战，故事因此而展开。然而，新技术正在进一步改变这些环节，为体育活动创造了新的非现实层面，进一步将它们带入幻想游戏的领域中。

通过开发新的数字创新形式，人们打破了物理和数字空间之间的障壁，建立了新的沉浸式现实，创造了与体育运动相仿的新式活动。这些体验旨在欺骗我们的意识，让我们相信自己——作为参与者或观众——正处在全新的物理空间中，尽管它们是由电影画面或计算机生成的图像组成的，通过淡去方向感、重置位置感来刻意欺骗我们的感官。将游戏的竞争性作为体验架构的一部分，增加了它们的真实性，让观众直观感受到这一点，以此欺骗我们的感官，使大脑相信它们具有物理特性。此外，在传统体育中，这种体验正迅速成为一种新的盈利形式，作为文化实践越来越专业化和广泛化，电竞的兴起就证明了这一点。

在此背景下，本章重点讨论新的、数字化的沉浸式体育体验如何改变参与者和观众的运动体验，以及它们如何创造新型体验，从而改变体育世界。这样的虚拟体育是特别有趣的分析案例，因为它们表明：将物理性融入数字模拟世界，以增强其真实性，是一件越发重要的事情。一个出色的虚拟体育应用，应该让用户享受无拘无束、毫无保留的体验，感受全方位的感官表达，尤其要体验到运动的自由。

我们首先概述了体育世界中，新型虚拟现实的不同形式——虚拟、增强、混合和扩展现实是如何以不同方式融入体育产业的。其次，我们还研究了这些技术如何在体育圈中的不同参与者之间进行细分，从球员、裁判到球迷、观众。最后，我们还讨论了这些体验派生出的创新文化，它揭示了这些新兴事物的创意和技术动力。此外，我们还研究了这些虚拟现实技术改变体育迷和观众体验的方式，并探寻了它们对体育世界的长期影响。

新兴的电竞产业与我们描述的趋势密切相关，它是体育世界发生变化的象征。电子竞技展示了一种新的路径：围绕一系列新的、沉浸式的需求，创造竞争性的数字体育世界。而虚拟现实游戏甚至引发了"能否成为奥运项目"的讨论，这一点就显得特别有趣。我们将继续描述电竞是如何为体育的未来提供基础，先进的模拟技术、虚拟的竞技场，都将成为关键要素。电竞的未来与虚拟现实技术的整合密切相关，通过虚拟现实技术的整合运用，电竞将更接近传统的体育世界。未来的运动员将结合真实身体和虚拟形象，而在目前的数字体育系统中，这两个组成部分是分开的，只有解决了知识产权领域的法律争论，才能把它们结合起来。

在此背景下，我们讨论了这些充满活力的行业所面临的挑战，并思考其发展方向。我们还研究了体育领域扩展现实的未来前景，以及对生活在"后数字世界"的人们的影响。总的来说，这一章讲述了体育与媒体创新产业的发展轨迹日益交织的过程，而媒体创新产业本身也在经历着不小的变革，当涉及计算机成像和电子游戏领域时，这种变革就尤其显著。这一轨迹的核心是：体育作为讲故事的形式，不可避免地会走进这样的幻想世界，在那里，人们能创造更多的可能性和盈利方式，他们能找到更多方法重塑体育，以满足体育爱好者们不断变化的期望。

一、新兴的现实

近年来，虚拟现实一词被用来表示这样的体验：将基于屏幕的数字设备戴在头上，让人对一个想象中的世界有感官体验。它利用内置的陀螺仪和传感器来协调数字动画，从而使佩戴者感受到他们的行动正在影响他们所观看的虚拟画面。这些功能的连贯性，塑造出他们在虚拟世界中的体验，它响应了用户在物理世界中的运动，从而创造了两者交织在一起的感觉，用户甚至无法区分彼此。这种体验创造了一种感觉，即除用户所在的真实空间之外，还存在另一个物理空间。

虽然现在有很多种类的虚拟现实平台，但每个平台都遵循这样的原则，技术的进步让虚拟现实设备在图形处理或响应运动方面达到了更高的真实性。在本文中，"沉浸式"一词体现了虚拟现实、增强现实或混合现实的一系列特性，在这种氛围中，一个人所在的物理现实，将与虚拟现实的数字音频、视觉，以及越来越多的触觉特征交织在一起。

自2014年以来，随着大众可承受的消费级技术的出现，数字虚拟现实体验已经变得愈加普遍，人们通常使用智能手机作为驱动体验的主要载体。

虚拟现实的发展随着增强现实的兴起，它使用基于投影的技术，将数字图形叠加到物理世界上，从而创造一种混合的互动和增强体验。增强现实技术往往离不开手机，用户能通过手机的摄像功能看到数字成像，就像被放置在一个特定的物理空间里一样。

此外，专门的虚拟现实头盔也是这些应用的先驱，特别是微软的全息透镜，它利用传感器绘制出一个三维空间，创造出一种错觉——当用户在一个物理空间中行走时，虚拟内容会随着他们移动。在游戏中，用户手持移动设备，使用增强现实技术与内容互动，而全息透镜使用头盔，则使佩戴者能更充分地沉浸在环境中。佩戴者可以像平时一样穿越物理空间，而虚拟内容会根据他们物理位置的变化做出反应和调整。因此，如果全息透镜在地面上"创造"出一个洞,那么佩戴者就能在洞口周围走动,并感知到这个洞与他们一起移动。这是通过设备的能力来实现的,扫描出物理空间,并建立规则和方法,以便在三维空间中映射出用户的位置。

混合现实是另一种扩展现实技术,涉及物理和虚拟物体的实时融合。混合现实可以包含增强现实和虚拟现实技术的元素。混合现实最早是由美国空军开创的,他们发现将虚拟物体作为模拟的一部分结合到现实世界中,可以极大地提高被试者的表现水平。因此,以提高成绩为目标的运动员和团队,就对这种模拟技术产生了巨大的兴趣。在大多数体育运动中,成功往往是团队持续发展的根本,而表现水平和竞争优势就是运动员成功和进步的关键。

人们创造出了越来越多的训练和运动场景,这些场景都超越了"现实生活"的传统认知。随着这些混合现实世界对现实边界的模糊和碎片化影响,扩展现实一词出现,用来描述这些"虚拟现实组合体",它融合了虚拟和物理世界,创造了一种新的空间体验。不仅是说这些技术可以复制或取代网球、足球项目,而且是说它们可以吸纳这些游戏的核心要素,并将其扩展到一些融合了物理和虚拟世界中那些最佳可能性的全新物理体验领域。出于这个原因,我们将利用沉浸式技术,来为体育世界打造一系列新的、数字化的沉浸式体验。

二、扩展现实沉浸式技术和体育迷的参与度

体育俱乐部和转播方已经制定了扩展现实沉浸式技术的战略,用这一技术来转播比赛,并为球迷创造虚拟体验,但该技术目前仍处于发展初期。例如,在2016年里约奥运会上,奥林匹克广播服务公司尝试在虚拟现实环境中进行转播,让观赛球迷身临其境。这一措施的核心是大量使用全景镜头,这种尝试有助于在现有物理现实的基础上创造出虚拟现实。事实上,这种实验是媒体行业逻辑的组成部分,在媒体行业,平台要想在行业内成为创新经济的市场领导者,就必须努力创新内容创作形式。例如,英特尔在2018年平昌冬奥会推出了破世界纪录的无人机灯光秀,它所做的不仅是实现一个新的创意奇观。相反,英特尔视自己为先驱性的技术创新者,它有自己更远大的野心,而这场表演所展现的英特尔理念,也与这种野心紧密相连。

使用数字技术创造引人入胜的新颖体验,这种新方法吸引了越来越多的业内人士,体育俱乐部的兴趣也愈加浓厚,以便与世界各地的球迷建立联系。扩展现实沉浸式技术提供

了一个虚拟平台，可以通过更大程度的沉浸式体验来创造更有吸引力的体育世界。通过这些平台，球迷们可以更接近现场，仿佛他们就在场内看台上。那些尝试运用该技术的人，现在就可以去接触新球迷，并更深入地了解哪种类型的内容与该媒介的搭配效果最好。

从这个角度来看，新技术是新消费形式的入场券。某虚拟现实产品平台就是一个很好的例子，它在比赛日期间上架了曼城足球俱乐部的虚拟现实全景式体验，该体验包括对球员更衣室的独家访问，以及对球员到达场地的第一手观察资料。该体验在发布后的几天内就获得了超过 100 万的浏览量。这种新的技术体验满足了更多的用户需求，他们能进入以前无法探寻的世界。

在社会媒体从二维到扩展现实沉浸式技术体验的转化、整合中，体育发挥了巨大作用。例如，2019 年 9 月，索尼互动娱乐有限公司获得了一项全球专利奖，他们运用虚拟现实技术改善电竞赛事中的现场观众体验，允许观众在体育场内或场外以虚拟现实方式欣赏电竞赛事，从而创造一种社交虚拟现实体验。这一理念的独特之处在于，电竞比赛的场地已经是虚拟化的"赛场"，而不像传统体育那样，在现实中的比赛场地里进行。因此，将虚拟场地重新渲染成三维体验，可能预示着观众的体验远远超过目前所取得的成果；它甚至可能创造出新的游戏形式和专业领域。

体育俱乐部也在利用增强现实技术，以各种方式吸引球迷，最常见的渠道就是俱乐部的官方手机应用软件。例如，球迷可以在他们的手机上下载一个软件，当手机放置在印好的赛程页或最喜欢的球员海报上时，它将播放球员与你交谈的视频，也许还有最新的比赛日程信息。现有的系统允许体育俱乐部通过上传图片和视频来实现这一点，使传统的宣传材料带来更令人兴奋、更新潮和真实的社交体验。同样，将体育视频或球员视频叠加到球迷照片，再将照片分享到社交平台上，也是拜仁慕尼黑等俱乐部利用的另一种策略，这种方法可以放大球队的品牌效应。

诸如虚拟混合数字板等技术已经在比赛中实施，使全世界的观众能以不同方式体验比赛转播。例如，该技术可以在广告牌和围板上显示不同的、本地化的广告。体育俱乐部也能利用虚拟现实技术，通过电商渠道向球迷销售商品。例如，与其在网上发布新运动衫的照片或视频，球队不如利用该技术，让该物品以三维立体形式出现在球迷的家中，甚至叠加到球迷的身上。相关品牌就用他们的第一个增强现实时尚功能证明了这一点，该功能可以在买家身上进行时尚产品的虚拟预览。

另外，可替代现实技术还与电竞赛事等重大体育赛事深度融合，一个典型案例是：在北京举行的 2017 年《英雄联盟》世界锦标赛的赛场上，一条由增强现实技术制作的小龙出现在了鸟巢中央。这种形式在 2019 年韩国棒球联赛的开幕式上得到了复制。

正如上文所述，人们正越来越频繁地使用虚拟现实和增强现实技术来吸引世界各地不同年龄段的球迷，包括远程和现场活动。扩展现实沉浸式技术也许不太常见，但随着 2016 年微软的全息透镜和 2019 年大幅改进的全息透镜 2 等技术的引入，我们看到了一系列新的可能性。例如，想象你正在电视上观看你最喜欢的比赛，但在未来，你可以在任何你喜欢的地方投影赛事画面。统计数据可以叠加在画面之上。这些技术在球迷互动领域也有很大潜力。事实上，这种潜力已经在各项运动中显示出来了，相关体育软件就是如此，它允许"球迷在比赛期间，将他们的手机或平板电脑对准球场，并查看显示在实时画面上的三维立体图形叠加"。

三、扩展现实沉浸式技术在体育领域面临的挑战

目前，扩展现实沉浸式技术仍处于起步阶段，影响该技术广泛使用的主要风险之一在于，它会将体育观众目前享受的丰富的社交体验减少到一个完全与世隔绝的个人虚拟界面，这种改变可能会带来潜在的损失。到目前为止，人们大多是通过一个封闭的头盔来享受虚拟体验，没有太多的机会进行社交互动。例如，智能手机的应用软件一般提供不了特别的社交体验，而且在某些情况下，还会被定义为反社交设备。此外，新的界面同样面临风险，特别是在创造一种新产品并将其作为一种主流的生活方式时，因为它可能会破坏体育观赛活动中已经存在的东西。尽管虚拟现实头盔的易用性和舒适性正在提高，其价格也在下降，但相对而言，它们仍然很昂贵，使用起来也不舒服，还会让人迷失方向。它们还可能造成一种隔离感，让使用者与广大的现场观众所经历的更宏大的集体体验相隔离。

头戴式设备也有技术上的限制，比如数据的解析和处理能力，如何在虚拟世界中精准地创造或再现体育的速度和音效，特别是现场体验。如果扩展现实沉浸式技术体验不能满足用户在现实环境中的基本需求——例如，如果内容抖动或无法加载——那么，不仅虚拟体验会被削弱，还会让用户迷失方向、身体不适。因此，在实践扩展现实沉浸式技术体验时，人们需要清楚地了解哪些部分是技术上可行的，哪些是用户可以容忍的。将球迷投入崭新的、不熟悉的虚拟环境中，可能会造成一些不良的后果。

不过就算如此，虚拟技术和沉浸式体验的持续改进，就像其他富有创造性的传媒方式一样，它们将变得更加引人注目，并吸引那些寻求这种体验的观众，形成一个颇具规模的

用户群体。然而，人们对沉浸式体验的期望总是会随时间的推移而改变，这也是事实。游戏技术史上的每一次迭代，都会朝着更加接近真实的方向持续努力。每一次游戏机的迭代都能达到越来越高的真实度和超真实度，但现在回过头来看，单从图像画面来说，过往的游戏画面也已经相当原始。这告诉我们，人们对真实性的感知也会随着时间的推移而改变。

技术发展到现阶段，在使用沉浸式体验方面，体育界正处在一个十字路口。虽然有大量的内容创作者正在尝试新形式的虚拟现实、增强现实或沉浸式技术，但还没有足够的观众愿意为这种新体验付款埋单，这就让它的发展举步维艰。任何新技术都会面临这样的艰难时刻：要么从创新转向默默无闻，要么掀起世界性的浪潮，让足够多的消费者愿意为之付费。然而，这些新体验的有趣之处在于：它们可能会取代今天的平面内容。

四、虚拟的球迷体验

我们已经能看到，体育俱乐部愿意尝试用扩展现实沉浸式技术来吸引球迷。例如，创造虚拟的球迷社交体验，这种做法正愈加普遍。利物浦足球俱乐部就将虚拟现实技术整合到了他们的安菲尔德球场中，并将这种互动体验带到了孟买和雅加达。该技术允许球迷在他们的主场看台前，在成千上万的利物浦球迷的注视下体验进球。这种体验的设计并不是全新的，体育俱乐部使用大屏幕创造虚拟比赛体验的历史并不短，在体育场、大型公共区域，甚至是电影院都能做到。随着投影仪和屏幕技术的提高，更多的沉浸式活动开始走上舞台，为球迷创造更有吸引力的虚拟体验。这种方法可以克服与虚拟现实头盔相关的一些问题，球迷可以在模拟出的虚拟环境中，与其他球迷在一起互动社交。例如，体育比赛的全景镜头可以被投射到一个物理空间，观众可以在一个更虚拟的意义上重现比赛中的精彩画面。你可以在一个圆形房间或任何能打比赛的地方体验这种活动，甚至世界各地的电竞场馆也能满足你。

整合其他技术和创造第二屏幕体验的技术潜力，为互动和个性化的虚拟球迷体验开创了无数机会，它超越了现实边界，并与世界各地、更多样化的球迷群体建立联系。因此，通过精心设计和个性化的虚拟球迷体验来消费体育内容，为在全球范围内扩大球迷群体提供了可能。人们还能在虚拟世界中感知到全新的、在现实中不可能体验到的事物。

五、扩展现实沉浸式技术与球员运动表现

从某种角度来说，在顶级运动员的世界里，虚拟现实长期以来一直是一种训练工具。

几十年来，体育科学家们一直在模拟比赛现场，为了更有效地分析运动员的表现，并为他们的比赛做更好的准备。例如，在1998年长野冬奥会之前，美国雪橇队使用虚拟现实模拟器来准备比赛。此外，诸如划船模拟器甚至练习器材等设备都能模拟化，这与数字模拟的发展有着密切的联系。今天，模拟是体育科学和工程研究基础的重要一环，包含了一系列的技术工具——从风洞的建立到以虚拟现实活动为基础的全新运动的发明。模拟运动场的愿望深深地嵌入体育科学的逻辑中，以便设计出更加复杂的训练技术，提高训练师的洞察力，从而扩大运动员的竞争优势。

运动模拟和数字虚拟现实的整合，往往会进出一些引人注目的火花。例如，某体育训练公司为足球运动员提供了虚拟现实训练，特别是帮助他们进行赛前的心理准备。这种技术还能帮助球员了解比赛对他们的要求，特别是认知他们各自的定位。从这个意义上说，虚拟现实不只是在复制比赛环境、让运动员准备得更充分，还在创造各种测试场景，以便运动员开发技能、在实际场景中应用。另外，正如相关学者所指出的，虚拟现实技术还能为受伤的运动员创造更有效的康复练习环境。换个角度来看，虚拟现实技术的主要用途可能只是提供一个更有效的手段，让运动员实现一些能力目标。例如，当球队在手球门将的训练系统中加入虚拟现实设备时，它可以成为训练球员视觉感知的一种更真实有效的方式。

虚拟现实技术也在创造新形式的表现体验，这不仅是通过训练中的感悟来提高表现水平。例如，相关的体验项目采用了手控器——玩家需要用手势动作来操控角色——并将其转化为一个需要网球技能的游戏，只不过它是在数字、虚拟空间和幻想竞技场中进行。另外，虚拟现实界已经诞生出了全新的运动项目。例如，在2018年，某电竞推出了使用虚拟现实头盔的游戏，在一个现实竞技场内，集社交、竞争元素为一体。在一场游戏中，四个玩家(二对二)在虚拟和现实空间中，使用头盔和移动控制器互相对战。

增强现实技术正被越来越多地用于开发表现数据，最近全球体育赞助商阿里巴巴和英特尔推出了一项合作。它们的新平台将结合实时数据、人工智能和三维立体追踪技术分析运动员的表现；该平台计划在2020年东京奥运会上推出。这些技术革新的一个关键层面是商业伙伴如何扩大与体育相关的利益范围。

六、扩展现实沉浸式技术在体育领域的未来

体育运动与数字虚拟现实体验有很多的共同点，因为两者都涉及新世界的创造。所以，这种共同点并不是体育所独有的，许多研究虚拟现实的早期论文也写到了它与戏剧及

其各种衍生形式（如电影或电视）的深远关系。然而，体育是虚拟现实应用的独特场景，值得特别关注，部分原因是它们也被包装成了高度中介化的体验，在经济上依赖于庞大的传媒网络的协调，这些媒体网络集体动员，报道发生在现实空间的事件。在这方面，体育转播和媒体的历史不可避免地引发了对虚拟体育体验的实验，因为体育媒体一直在努力将新媒体技术整合进来，以产生规模更大的经济效益。正如英特尔体育的桑卡尔·杰奥拉姆所指出的："我们相信，沉浸式、互动式、个性化的体验，将决定球迷消费体育的下一个浪潮，这就是我们所关注的。"

目前，有许多技术和文化轨迹影响着虚拟体育的发展，其中最重要的是扩展现实沉浸式体验的整合，它贯穿了运动员的表现体验以及观众参加赛事活动的各个环节。在这个构架中，电竞向虚拟现实世界的扩展转变显得格外关键。通过这种整合，体育世界与电子竞技世界的界限将更加模糊。

让我们考虑得更长远些：通过将虚拟技术与运动和竞赛体验相结合，新型的体育运动正在出现。目前，体育场馆正接受现代化改造，更多地使用浮现于媒体设施新应用领域的交互式物品和界面。这种激进设计的例子可以在先锋建筑公司相关的作品中找到，该公司在2019年创造了世界上第一个电竞场馆。

此外，观众还能体验到更多的可玩性元素，通过最新的技术模拟器，他们会越来越多地进入赛场，主动参与其中。此外，现场体育活动和数字游戏模块也能与下一代体育馆整合。从健身房的发展历程就能看出，现在的健身房对游戏化的运动组件使用得越来越多。2019年，相关品牌推出了比赛性质的虚拟自行车骑行，它现在有了自己的国际比赛。

幻想运动和实体运动也可能会融合得越来越紧密，但这种赛事会越来越少、控制赛场上的不可预测因素——赛事方当然希望把这些因素降到最低点，为此他们越来越想把这种融合型的赛事纳入麾下。在这方面，电竞再次走到了行业"前沿"，他们要求玩家在其规则框架内参与游戏，并限制他们作为身体参与者的操作空间。这些都不是未来体育的理想特征，所以必须加以防范。

在未来，体育界会有越来越多的沉浸式体验，这些体验都结合了若干种虚拟技术，虚拟现实有望带来更有活力、更丰富的体育形式。这其中的一个重要组成部分是：业余体育也会朝虚拟空间汇聚。扩展现实沉浸式技术会给观众带来更综合的参与体验，这意味着观众不再是简单地坐着看，而是通过他们自己的身体活动，积极地参与进来。未来的精英体育体验不仅是可看的，也是可玩的。

第四节　未来体育中的云计算、人工智能与机器学习

如今社会依赖于机器学习、人工智能和云计算，体育也是一样。数据逐渐成为新型的货币，决定了竞争优势的输或赢，那些能够找到方法和利用数据创造性方法的人，将会成为明日的冠军。如今，运动队和运动员从自身采集到的数据规模是前所未有的。基于摄像头的球员追踪系统和基于传感器的系统，已经带来了信息爆炸。体育组织却只是刚开始着手应对这些变化。比赛和运动数据其实已经在体育界被收集了数十年了，这些新技术的引入带来了更加庞大丰富的数据集，能够提供更好的上下文情景，以前所未有的方式揭示出运动场上发生的一切。

这些人工智能和机器学习模型的崛起，是以数据为燃料的。追踪比赛中每位运动员每一回合每一秒的能力越来越强，再加上场外数据的涌入，驱动了一个良性循环。确实，追踪一个运动员生活中的每一个元素正逐渐成为可能，从训练负荷到比赛负荷以及它们所产生的压力，还有营养和睡眠，希望通过细致入微的调优，积累出更大的竞争优势。体育正处于风口浪尖之上，科技正以开创性的新方式被应用，用于招募球员、制定比赛策略、创造现代化粉丝体验等方面。

一、体育中的机遇与定义：云计算、人工智能和机器学习

(一) 云计算

云计算作为计算基础设施，使大量的信息能够被便捷地存储并且可以从世界上任何地方访问。它是一种公共事业，是一种可扩展的集中式、高性价比的资源。

有了云计算，一个组织就能从众多数据来源收集和存储大量的数据，并向他们的运动队提供通用化的访问权限。举个例子，职业运动队的区域性或全球性球探系统能够评估来自世界各地的人才和比赛。云计算能够让他们快速上传最新的球探报告，将不管来源于何处的视频汇聚到一个集中化的位置；而在总部的工作人员则能够以接近实时的方式访问它们。这使得分析团队能够快速将新的信息融入选秀或者自由球员的模型之中，教练也可以

分析比赛、训练以及运动员在压力下的表现。球队正使用云计算，作为他们数据分析能力的脊梁。

（二）人工智能

人工智能可以被宽泛地定义为，使计算机这样的机器，去感知其周边环境并为一个期望的目标采取行动。

人工智能的形态有很多。有些使用统计学技术从海量数据中找出模式和关系，将特定的输入与输出联系起来，人工智能可以归结为模式识别。拿棒球举例：训练之后，计算机能够"消化"没有对球和挥棒击球进行标记的视频剪辑，而一套软件系统能够将它们分类成输出答案，识别出其中的球和挥棒击球。

（三）机器学习

人工智能的另一种形态是机器学习，指的是在没有人类编程的情况下，一个计算机系统使用数百万的数据点去学习和提升的过程。在有监督的学习之中，其技术核心是教一个算法去识别特定的模式。它通常使用来源于真实世界、经过人工打标签的训练数据集。机器学习的强大在于软件工程师不用写下所有的分类规则，算法本身就能独立地去学习这些规则。随着数据集变得更加庞大，使用无监督学习会获得更多的机会，在数以百万计的未经归类或分类的数据点被使用，算法则基于自身逻辑，在没有预先输入与运动员或运动队相关知识的前提下，识别出相似性、模式或者不同之处。

二、体育中的数据革命

我们正在体育世界中采集的数据规模是前所未有的：用于比赛策略分析的高分辨率的球员移动追踪数据。来自数十台摄像机和多个视角的比赛回放，创造更好的比赛直播。运动员的生物和生理学测量，用于优化训练规程和健康。嵌入美国国家橄榄球联盟球员肩垫和橄榄球之中的射频识别芯片，能够提供每一回合每位球员的数据，包括场上位置、速度、加速度、球的飞行轨迹等。

与此同时，美国职业篮球联赛使用官方跟踪提供商提供的光学球员追踪系统，球队使用它进行赛前探查报告、赛后分析，而赛事转播商则通过全场报道平台对其进行使用。球迷能够选择四种不同的观赛视角：教练模式、球员模式、吉祥物模式以及与众不同的分析模式。

三、比赛：球员识别、评估与选择

在未来，人工智能可以将球探报告、高阶比赛数据、运动表现测试、训练负荷、伤病报告、个人档案和更多的数据来源融合起来，通过分析球员的潜能发展进行建模，去预测他们可能会如何发展，他们的天赋与谁可能接近。

这对于未来的球探工作意味着什么？关于成功球员的历史数据（比如说球探报告、生理和心理测试数据、团队训练数据等）积累得越来越多，将会给球队提供打造新的机器学习模型所必需的训练信息，再用这些模型去挖掘出通常难以一眼看出其天赋潜能的年轻运动员。

目前的挑战在于，存在的数据实在是太多了。无用的数据多到人类无法看到真正有用的信号。在未来，就像人工智能帮助放射科医生检测出肉眼难以观测到的模式一样，检测出运动员的模式也将很快成为可能：投篮特征、可执教性、工作热情等。就像脸书能够管理好浏览者看过的各类推送，未来体育科技也能做到这一点。这非常令人兴奋，因为在过往招募球员过程中很大程度上依赖于招募者是否在现场观看过这名球员比赛。现在，球探能够快速收集堆积成山的影片和视频等数据，并且迅速将它们上传，这样分析团队就能立即访问这些新信息，并且将它们输入正在构建和调优的选秀和自由球员模型之中，他们往往使用能够分析和融合数据的内部平台来实现这一过程。很多棒球俱乐部都已经打造出了这样的平台，篮球和足球领域紧随其后。新的数据能够让未来选秀模型更具智慧，而那些利用好新数据集并且从中挖掘出最多要点信息的人，将会处于领先的位置。此外，还会出现一些如今并不存在的工作岗位。

四、优化制胜：比赛策略

利用新的科技手段，问题就会变为：我如何主动地针对对手的战术手册和执教风格进行逆向工程？现如今，大量的时间会被用在观看对手的比赛录像之上。在未来，一支成功的球队将会使用计算机去追踪对手的策略，并快速创建关键回合的剪辑，让教练能够围绕它设计战术。与此同时，教练还能够使用虚拟化的模拟环境，基于每位球员的个人模型模拟出一套阵容和战术搭配的效果，就和打电子游戏一样。用户上传一支虚拟队伍以及对手的特征，将模拟运行起来，检验哪种策略会发挥作用，然后将其应用到实际的赛场之上。

在美国职业篮球联赛中，给追踪数据打标签已经是一项人工智能的基础应用了。这将带来如洪流般的数据，给机器学习模型提供开始识别对手战术顺序的模式、给出制胜策略的建议所需的信息。新的模型正在预测球员的运动轨迹，带来实时交互式描绘该联赛防守阵型的能力。这正在改变如何评估球员、如何认知球队策略甚至我们如何观看这项运动的方式。

我们已经在试图量化为了实现一个目标所需的最优设置了，或是找到某一特定情形下把球传给他/她的最佳人选。很快，我们就能够将一次最佳出手的小事件组成的序列可视化，识别出对手的战术倾向并最终实现对他们战术手册的逆向工程。

在这种未来的虚拟化模拟模型之中，教练不仅能够更好地理解对手的倾向性，他/她还能够找出自己队伍的缺点，并针对它们展开工作，优化训练项目。一名教练还能够创建虚拟模型去尝试不同的策略并以此为依据进行调整。

再次强调，这其中数据是关键。在这些运动员身上采集到的数据越多，我们能够从输入和输出中提取出的结构化数据就越多——投球、球和挥拍，然后我们就能够创建出更好、更准确的虚拟化模拟。在未来，人工智能系统将会自我提升。经过不断开发，人工智能算法已经逐步完善。被称为生成对抗网络的技术能够用于开发在比赛中发挥决策作用的模拟系统。在生成对抗网络中，两个人工智能算法将会互相比拼，并且在此过程中不断提升。

虽然这听起来有些未来主义，但对抗网络已经被用于分析篮球战术了——比如说，给它一个进攻战术的执行概述，它就能给出可能的战术演进场景。在未来，我们可能在模拟之中看到一套完整阵容对上一套特定的对手阵容会有或者说应该有的反应。

自主学习的人工智能模型也能发现全新的比赛策略。已经在围棋上击败了出色的人类冠军棋手的阿尔法狗，就是通过与自己对弈数百万盘进行学习，提高自身水平，并且在这一过程中发掘尚不为人所知的制胜策略。

在未来10年，也许会更快，我们将会看到在虚拟环境中使用数字孪生去模拟出"如果怎样"的场景。数字孪生就是对一个真实世界物体的数字化表示，用一系列的数据去表征其属性、特征和行为。数字孪生已经出现在了工业界。比如，一家发电厂的数字孪生能被视作一个虚拟代理，用于模拟、分析和优化真实发电厂的性能和效率。这些工业界版本的数字孪生创建了真实世界物体的虚拟代理，这一概念也同样可以应用于人身上。

在体育领域中，可能会建立这样的问题：如果我们将另外一名球员换入阵容中会有怎样的效果？想象一下，有一套球队阵容的精准数字孪生，能够在软件模拟中无止境地对抗一支对手球队："五个赛季以来，计算机一直在模拟我们球队与其他球队的对抗。"假设你是一位教练或管理人员，想要不断尝试新的比赛策略、球队阵容和球员能力，探索不同的训练、营养和负荷对球员的作用，检验这些因素对于球员竞技表现的影响。有了生成对抗网络，一台机器能够独立地发现新的制胜策略。

人工智能还可以揭示出那些微小但却能对运动表现产生重大影响的生物力学变化。相关学院开发出的早期系统能够"观看"某人挥动网球拍，然后给予这个人一个建议性的新挥拍姿势。这可以让球员审视自我、进行预测并使用正确的姿势。

五、运动员健康和表现

就像一级方程式赛车一样，每位运动员都是单一驱动且被严密监测的。赛车上的每一个组件都是已知的，会被追踪和测量。现如今，运动员身上也在发生着同样的事情，正如我们已经讨论过的一样。比如说，想象一支对训练进行追踪的篮球队：球员在平板电脑上登入为其量身定制的训练项目，然后开始训练，此时体育馆中的机器也开始捕捉他的一举一动，并将数据传入系统之中，将它们与预估训练负荷联系起来。

在未来，体育科学家和竞技表现教练将在虚拟环境中使用数字孪生去评估这些影响。国外橄榄球联盟已经开始通过分析比赛规则、装备以及康复策略，开展研究工作去更好地理解球员的安全与治疗问题，期望能够更精准地预测伤病风险。通过创建运动员的虚拟模型，该联盟能够对增加或减少他们的训练安排、力量训练、营养搭配、药物使用、睡眠质量、旅途飞行和时区改变等方面进行实验，去观察他们的身体反应。他们能够在虚拟环境中快速地进行测试和迭代，去检验不同改变效果，而非在真正的人身上进行迭代实验，这样就能更快地获取结果信息。

有了这些新数据，运动队就能更全面地去考虑和发掘能够优化队中运动员竞技表现的方法，以及如何让他们维持巅峰状态。这些新数据还能帮助体育科学家量化运动员负荷管理建议背后的深层次原因。通过将比赛中球员追踪数据、训练中穿戴的追踪系统、生物特征测试、力量和体适能训练等方面结合起来，高效能的组织或团体将会拥有更多的工具去保持运动员健康。他们将知道何时应当建议运动员休息或是将其换下场，哪怕他们可能还没有真正遭受伤病，或是何时应当替换他们的先发投手。

使用姿态评估去检测运动员生物力学上的变化，发现肉眼无法观测到的细节，判断运动员是否过度训练，是否还未从伤病中完全恢复，这一切是否会导致运动员更容易受伤。经年累月，从运动员身上采集越来越多的数据，能够让运动队具备分析运动员随时间推移的发展能力,从而总结出一条最优的发展道路,并在培养一名特征相似的运动员时指导其训练方案的制订。

在未来,通过对一名特定的运动员进行特征提取或模式识别,我们将具备更强大的识别出潜在的、不断增加的伤病风险的能力。

六、智能场馆

体育场馆也在变化。在过往,体育场馆会有多个大门,需要手持纸质门票进入。球队和场馆所有者是无法知道球迷在场馆里做了什么的,甚至不知道是谁坐在座位上。现在,他们转而使用数字门票,便能知晓到底是谁在场馆之中,他们把目光聚焦在比赛场上的频率有多高,他们的参与度又如何。我们能够追踪人流,了解如何去为特定的用户群体或个人提供优化服务和体验。

场馆所有者正在寻求"在体验之中创造体验"的全新方式。你能看到呼之即来的自拍架。现如今,你可以控制装在屋椽上的摄像头,让它朝着某位球迷的座位进行拍照,形成一幅特写,然后瞬间上传到推特之上。这一体验的目标是吸引更多球迷来到体育场馆之中,并且在他们一次又一次到现场观赛时提供个性化的体验。

七、个性化体育消费

令人兴奋的是,球迷也能以前所未有的方式接触这些信息。球迷可以查看自己喜欢的球队或是球员的相关信息,并且他们能够将信息可视化,也能够自己做数据统计分析,这一点是前所未有的。

比如,快船队的球场视野系统和相关体育频道品牌性的全场报道平台,通过它们,球迷能够以三到四种不同的模式观看快船队的比赛,并根据自己的喜好选择增强观赛体验的额外图层。在过往,只能通过直播视角观赛,而现在球迷能够以任意持球人的视角观赛。某橄榄球联赛甚至已经有了"成为球员"的观赛体验,使用围绕场馆部署、用总长超过 5 英里的光纤电缆连接入网的超过 100 台摄像机,能够捕捉、同步与合成视频,让球迷能够从任意球员的视角观看场上的一举一动。观赛者将会继续获得个性化的体育消费、观赛与互动的全新方式。

定制化将会是最高目标,与定制化的谷歌提醒或是智能社交应用推送类似。来自信息世界的创新能够让球迷们将个性化的数据滑动窗口进行混合与匹配,开启追踪战术的图层，自动化生成球员和场上的高光集锦，然后打造属于自己的独特观赛体验。每个人的选择能被回顾、分享，用于自动化地提升任何设定条件下的观赛体验——不管是在比赛直播中，还是在虚拟现实中，抑或是在智能场馆现场观赛时的增强现实图层中。此外，未来的粉丝互动将会变得远比现在更无缝连接和定制化。比如说，人工智能和机器学习将会自动化地为范特西橄榄球队创建个性化的精彩集锦。

最终，球迷在家中的电视上观赛，却能感觉自己像是和喜欢的球队一同站在橄榄球场的25码线上一样。在未来，可能就是短短十年之内，一支球队前往客场比赛，他们的球迷可能汇聚到主场体育场馆之内，以实时的方式通过虚拟现实技术感受比赛，就仿佛他们拥有客场比赛时球场的最佳座位一般。

想想当时谷歌眼镜试图实现的愿景，仅是用增强现实图层去定制化体育场馆内的观赛体验。现在，让我们想象一下你和一帮朋友在各自家中，想要一同观看一场爱国者队的比赛，但是你们又散布在世界各地。很快，你就能进入一个虚拟场景之中，你们可以一同坐在场馆内部观看比赛，进行实时交流。如此这般，将会出现全新的专属观赛体验，当然这也可能会需要花更多的钱。不过，通过虚拟世界，还可能创造出球迷参与互动的多种全新方式，为球队带来壮大世界范围内球迷群体的新机会。而随着科技不断提升这一应用领域的高度，体育将打破种种界限，团结出一个超越了种群特征、经济背景的社群。这是一种打破隔阂、寻找社群和共通性的有趣且美妙的方式。

参考文献

[1] 张延磊. 体育产业数字化发展思考[J]. 合作经济与科技, 2023(21): 24-25.

[2] 苏思畅, 杨一书. 高校体育教育对体育产业经济的影响[J]. 体育世界, 2023(7): 43-45.

[3] 邢学峰, 宋佳欣, 王子朴. 我国体育产业数字化转型的思考与探索[C]//北京: 中国体育科学学会体育社会科学分会, 2023.

[4] 李远飞, 卓然. 数字体育产业具备广阔开发空间[N]. 北京日报, 2025-05-28.

[5] 孟子平, 肖林鹏. 高校体育产业创新创业平台建设研究——评《体育产业创新创业教育》[J]. 中国高校科技, 2023(Z1): 149.

[6] 赵姗. 数字体育点亮世界杯[N]. 中国经济时报, 2022-11-25(2).

[7] 王兵兵, 刘春华. 数字技术助推体教融合创新发展的研究[C]//北京: 中国体育科学学会体育信息分会. 2022年第十四届全国体育信息科技学术大会论文摘要汇编, 2022.

[8] 武威, 谷甜甜, 胡昕. 发展数字体育的价值、困境与优化路径研究[C]//北京: 中国体育科学学会体育信息分会. 2022年第十四届全国体育信息科技学术大会论文摘要汇编, 2022.

[9] 孙庆辉. 数字化经济助推下体育产业高质量发展现实路径[C]//北京: 中国体育科学学会体育信息分会. 2022年第十四届全国体育信息科技学术大会论文摘要汇编, 2022.

[10] 史凯璐, 王宇崎, 李福慧, 等. "数字+"助力构建体育治理体系与治理能力现代化路径研究[C]//北京: 中国体育科学学会体育信息分会. 2022年第十四届全国体育信息科技学术大会论文摘要汇编, 2022.

［11］欧阳吉，赖健. 我国电子竞技产业发展"三原色"［J］. 清远职业技术学院学报，2022，15(6)：36－42.

［12］李明星. 新时期高校体育产业协同发展的路径研究［J］. 文体用品与科技，2022(21)：55－57.

［13］韩志超，颜兵，李广文. 产教融合背景下高校体育产业应用型人才的培养模式［J］. 枣庄学院学报，2022，39(5)：90－95.

［14］吴明放. 高校体育产业管理人才培养探究［J］. 湖北开放职业学院学报，2022，35(15)：56－58.

［15］崔安福，王建伟，王长龙. 数字经济驱动下数字体育用户使用与满意度研究［J］. 广州体育学院学报，2022，42(2)：79－86，120.

［16］周朋，翁士洋，么家源. 新时期高校体育产业协同发展的路径研究［J］. 文体用品与科技，2022(10)：31－33.

［17］潘玮，沈克印. 数字经济助推体育产业高质量发展的理论基础、动力机制与实施路径［J］. 体育学刊，2022，29(3)：59－66.

［18］罗宇昕，李书娟，沈克印等. 数字经济引领体育产业高质量发展的多维价值及推进方略［J］. 西安体育学院学报，2022，39(1)：64－72.

［19］徐静，潘煜. 高校体育教育对体育产业经济的影响［J］. 运动精品，2021，40(11)：65－66.

［20］黄丁一. 基于体育产业发展视角的高校体育资源开发策略研究［J］. 冰雪体育创新研究，2021(20)：139－141.

［21］鲍明晓. 数字体育：体育高质量发展的关键引擎［J］. 体育科研，2021，42(5)：1－5，48.

［22］孙群，李雪梅，孟凡友，等. 高校体育产业发展中存在的问题及对策［J］. 中国市场，2021(23)：48－49.

［23］叶海波. 新发展阶段数字经济驱动体育产业高质量发展研究［J］. 体育学研究，2021，35(5)：9－18.

［24］信伟. 体育运动的数字化技术理论与实践探索——评《数字体育探索》［J］. 中国油脂，2021，46(4)：169－170.

［25］李艳丽，杜炟. 我国体育产业数字化转型研究［J］. 体育文化导刊，2020(10)：78－83.

[26] 冯传丽,邹雪,李谷. 高校体育赛事产业化发展研究[J]. 体育风尚,2020(4):213.

[27] 梁凤云,黄河,孙维增. 高校体育产业创新路径分析[J]. 文体用品与科技,2019(23):23-24.

[28] 朱成. 中国高校体育产业化现状与趋势[J]. 当代体育科技,2019,9(33):229-230.

[29] 张立. 发展数字体育,加快体育信息化进程之战略思考[C]//北京:中国体育科学学会体育信息分会. 2016年第十二届全国体育信息科技学术大会论文摘要汇编(数字体育研究),2016.

参考文献

[1] 王明华, 李伟. 现代农业技术与可持续发展研究[J]. 农业科技, 2020(1): 15.

[2] 张强, 刘红. 生态农业发展模式探索[J]. 中国农业科技, 2019 (22): 27-29.

[3] 陈静. 农业资源利用与环境保护[M]. 北京: 科学出版社, 2019: 215-220.

[4] 李军. 农业生产效率提升路径研究[C]//中国农业经济学会. 现代农业发展论坛论文集. 2019年卷. 北京: 中国农业出版社, 2019.